JN074961

酒寄さんの
ぼる塾日記

はじめに

　ぼる塾はあんりちゃんとはるちゃんのコンビ「しんぼる」と田辺さんと私のコンビ「猫塾」が合体してできたカルテットです。

　この本は、ぼる塾の4人が食べたり遊んだり小さな事件を起こしたり、そんな日常を綴った本です。

「酒寄さんって誰？　ぼる塾ってトリオじゃないの？」と思う方もいると思います。私は現在育休中なので存在を知らない方が多くても仕方がありません。普段はネタ作りなど裏でぼる塾をサポートしています。

　なぜ育休中の私がぼる塾の日常を書き始めたのか少しお話させてください。

　田辺さんとは前のコンビからの長い付き合いなのですが、彼女は出会った当初から自分の魅力に気づかない人でした。田辺さんは27歳で渋谷ギャルデビューしたりと独自の人生を歩んでいるのですが、彼女の中ではそれは別に普通のことなので「そんなことより私はベーグルが作れる」と、お笑い養成所のエピソードトークの授業でベーグルを一番の武器にして挑もうとしたりしました（もちろんベーグルが作れることもすごいことです）。

　そんな風だったので、私は田辺さんの代わりに彼女の起こした出来事を覚えて、いつでも引き出せるようにする習慣ができました。

　それから私たちはいろいろあってぼる塾になり、私のその習慣を知っているあんりちゃんとはるちゃんは育休中でそばにいられない私のために田辺さんのエピソードを報告してくれるようになりました。

　すると田辺さんが反撃して「あんりとはるちゃんだって！」と、2

人の面白エピソードを教えてくれるようになりました。

　私は２人のエピソードも面白くて大笑いしました。しかし２人は「え？　それ面白いですか？」と田辺さんと同じ反応をしました。あんりちゃんとはるちゃんは小学校からの幼馴染なのでお互いの愉快な部分が当たり前になっていたのです。

　３人はそれから「聞いてくださいよ！」と自分以外の他の２人が何かをすると私にとにかくなんでも教えてくれるようになりました（田辺さんに至っては「はるちゃんがブルーライトカットの眼鏡つけてたよ！」と、それは別にいいじゃないの！　と思うことまで報告してくれます）。

　私は３人から聞く話がとても面白かったので、老後に４人で読んで楽しむために書き残してもいいか？　とお願いしました。

　３人は「面白いのかわからないけど全然オッケー」と言ってくれて、せっかくなら愉快な３人のことをみんなにも知ってもらいたいと思い、noteというウエブサイトに書いた文章を上げることにしました。

　その文章を読んでくれた方々が「面白い！」と自身のSNSで紹介してくれたり、「本で読みたい！」と応援してくれたおかげで、今回一冊の本になることができました。この本の完成はぼる塾を応援してくださるみなさんの力がかなりあります。本当に感謝でいっぱいです。

　私はぼる塾のメンバーですが、３人といつも一緒にいられるわけではありません。会えることは当たり前ではありません。だからこそ、このような視点で３人を見ることができたのかなと思います。私は３人のことがとても好きです。みんなと過ごした日々を忘れたくな

いという思いがどのお話にも詰まっています。

　今回、この本を読んでくださった方が「これは読んでよかった！マスター！　酒寄さんに一杯差し上げて！」と思わず言ってしまうくらい楽しんでもらいたかったので、書き下ろしもたくさん書かせていただきました。この本だけで読めるメンバー３人の話にプラス、普段は書かない自分自身についても書いてみました。

　私はずるいので、自分のことは恥ずかしいからひっそりと墓場まで持っていこうと思っていたのですが、私だってぼる塾ですから勇気を出して書いてみました。表舞台に出ないのでなんとなくミステリアスな存在になってしまった酒寄さんが、実は全然ミステリアスじゃなかったことを読んで知っていただけたらうれしいです。親しみを感じてこれからは、酒寄っちとか呼んでくれても構いません。

　また、ぼる塾の３人が「酒寄さん！　助けに来ましたよ！」と、それぞれの得意分野でこの本を盛り上げるコーナーを作ってくれました！　最高の仲間たちです！　レシピ、写真、クイズと隙がないコーナーバランスです。

　そしてこの本はこれで終わりません。ぼる塾の４人だけではなく、素敵な方々が力を貸してくれたのです。この本のために、つづ井さんが見るだけで幸せになれるぼる塾のイラストを描いてくれました！そして、菜々子さんによる私が原作を務めた（趣味で書いて田辺さんだけが読んでいた小説）、「転生したら田辺さんだった」の漫画が掲載されています！　私が言うのもなんですが豪華すぎる一冊です！

もうこの本は読むお楽しみ会です。

　はじめに言いましたが、ぼる塾は元々2組のコンビでした。ぼる塾は変わることで集まった4人です。大人になると変わるということは怖いものだったりします。私も最初は変わることが怖かったです。「猫塾」としての相方だった田辺さんが私は本当に大好きでしたし、「猫塾」としての自分が全て終わる気持ちでいました。

　しかし、実際は変わってもそれまでの自分が全て失われるわけではありませんでした。田辺さんの「まぁねー」という言葉は、猫塾時代に私が田辺さんにプレゼントした言葉です。ぼる塾になっても変わらず田辺さんは「まぁねー」をしています。

　なんなら「しんぼる」と「猫塾」は元々はライバルだったのに、今は仲間になって一緒に戦っているって漫画みたいで激熱じゃないですか？　ライバル同士だった者たちが今は一緒にピザの一番美味しいメニューは何かを語り合っているのです。

　長々と格好つけて書いてしまいましたが、この本を読んでくれた方がげらげら笑ってくれたら一番うれしいです。

　これを書いている今、田辺さんとたまたま連絡を取っていたのでこの本を読んでくれた方がこの本によってどうなって欲しいか聞いたところ、田辺さんは「荒んだ心を癒して欲しいね！」と言っていました。勝手にこの本の読者の心を荒んでる前提で考えるなと思いました。

CASTS

あんりちゃん

自分ではしっかり者だと思っているが、タクシーから降りるときに「ごちそうさまでした」と言ったり、スリッパで帰宅しようとしたりする。私の息子が自分のことをアンパンマンだと思っていることがわかってからパンをくれるようになり、「これからも美味しいパンを献上できるように努めます！　酒寄親子のアンパンマンとして！」と本当にアンパンマンになろうとしてくれている。優し過ぎる。アンパンマンを目指しつつも彼女はお米が大好きなので、私が米だったら赤面するくらい米への愛を情熱的に語られたことがある。座右の銘は「流され上手の桃太郎」。

元気。元気過ぎる。道端で突然お尻を振ったり、田辺さんの顔の近くでお尻を振ったりして困らせるが、別れ際に誰よりも最後まで手を振り続けてくれる気遣いガールでもある。SmartNewsをつねにチェックしており、気になる情報は4人のライングループにすぐに送ってくることから、ぼる塾の情報屋とも言われている（基本食べ物の記事＋田辺さん好きそうというひと言を添えて）。座右の銘を聞いたら「座右の銘ってなんですか？ちょっと調べます」と言われたので、好きな英単語を聞いたら「アニマル！」と元気よく返してくれた。座右の銘は「バーサーカー」。

はるちゃん

田辺さん

スイーツの女王の異名を持っているがしょっぱいのも強い。基本穏やかだが、フライドポテトのことでカッとなったりする。金遣いが荒く、指摘すると「江戸っ子だから」「日本経済と戦っているの」とかっこよくいい訳してくる。以前彼女に「馬刺しを食べた事がない」と言ったら「絶対好きだよ！今度送るから食べな！」と言ってくれたので、「高いから悪いよ」と返したら「あんたに馬刺し食わせるくらいの稼ぎはあるよー!!」と叫ばれ、後日もつ鍋と明太子もセットで送ってくれた。追加もつまで入っていたことに彼女のセンスを感じた。座右の銘は「適当」。

酒寄さん（私）

ぼる塾の出演しているテレビを見ていたら、あんりちゃんが「酒寄さんがリーダーです」と言っているのを見て、テレビ越しで自分がリーダーだと知る。何かを説明するときに両手の動きがうるさい。メンバーのお金の使い方に上から目線で物を言うが、4万円のアコーディオンを買って一度も使わなかった過去がある。激辛料理を食べることが好きで、なんでも辛いとうれしいがカレーは甘くても美味しいことを最近知る。座右の銘は「有終の美」。

みたらしちゃん

私の息子のあだ名。
数字とパンとミニトマトが好き。
最近キムタクに憧れている。

CONTENTS

CHAPTER 3　はるちゃん編

CHAPTER 4　田辺さん編

CHAPTER 5　猫塾編

ぼる塾編

それぞれのしゃぶしゃぶ食べ放題

田辺さんがしゃぶしゃぶ食べ放題にすごく行っているので、そんなに行って飽きないの？　と聞いたら、
「私とあんりはね、ぬくもりを食べてるのよ。あんた、ぬくもりに飽きる？」って言われました。

田辺さんとあんりちゃんがしゃぶしゃぶ食べ放題にハマっていることは、さらっと本人たちから聞いていたのですが、ある日、YouTube『ぼる塾チャンネル』や単独ライブでお世話になっている仲の良い作家さんから、

「酒寄さん、田辺さんとあんりさん、すごいですよ」

と言われて何かと思ったら

「会うたびにあの2人、しゃぶしゃぶ食べ放題帰りなんですよ」

それはすごい、とあんりちゃんに聞いてみたら

「調子が良い時は週5で行ってますね」

思ったより通っていました。そこで、気になって田辺さんに質問したのが上の答えです。田辺さんが「私とあんりはぬくもりを食べてる」と言っていたけど、あんりちゃんはしゃぶしゃぶの基本の"肉"を食べているんじゃ

ないかと思って、あんりちゃんにもしゃぶしゃぶ食べ放題について質問してみることにしました。

突然、私がしゃぶしゃぶ食べ放題について聞きたいと言うと

「私にできる限りのことはお答えします」

と、あんりちゃんは全く疑問を持たず、すぐに協力してくれました。

私「実際にしゃぶしゃぶ飽きないの？」

あんりちゃん「飽きないですねー。
しゃぶしゃぶって味変自在なんですよ。スープも変えられる、つけダレも変えられる、具材も変えられる、薬味も変えられる、同じしゃぶしゃぶは存在しないので」

同じしゃぶしゃぶは存在しないので

私「田辺さんはぬくもりを食べてるって言ってたけど、あんりちゃんもぬくもりを食べてるの？」

あんりちゃん「ぬくもり食べてますね」

やはりぬくもりを食べていました。

あんりちゃん「しゃぶしゃぶって、茹で上がったらすぐ食べるから冷め知らずなんで！　あえて冷やした冷しゃぶはありますけど、冷めたしゃぶしゃぶは存在しません！」

あんりちゃんは「私はそれをぬくもりと言いますね」と言いました。

私はそれをぬくもりと言いますね

軽い気持ちで聞いたのですが、あんりちゃんが語る姿はしゃぶしゃぶ食べ放題の第一線で活躍しているアスリートみたいで、思わず、「今日はありがとうございました！」と言いたくなりました。

あんりちゃん、田辺さんに聞いたので、はるちゃんにもしゃぶしゃぶ食べ放題について聞いてみたくなりました。あんりちゃん、田辺さんのように週5で通ってはいませんが、3人でもよく行っているようです。

はるちゃんには、前置きなしでいきなり、「はるちゃんにとってしゃぶしゃぶ食べ放題とは？」と質問すると

「お野菜いっぱい食べられる！　みたいな！」

と答えてくれました（3人とも質問にすぐに答えてくれます）。

私「肉じゃないんだ！」

はるちゃん「お肉も好きなんですけど、お野菜をたくさん食べられるイメージです！　お野菜なら無限に食べられます！」

私「人によってそれぞれしゃぶしゃぶは違うんだね！　田辺さんはぬくもり食べてて、あんりちゃんは同じしゃぶしゃぶはないって言ってた！」

はるちゃん「みんな違ってみんないいってやつですね！」

みんな違ってみんないい

しゃぶしゃぶ食べ放題は名言を生みやすいのかもしれません。

私「2人がしゃぶしゃぶ食べ放題にいっぱい通っていることに何か感想ってある？」

はるちゃん「しゃぶしゃぶを毎回美味しく楽しく食べられて、すごいなぁと思います！　私ももちろんみんなと行くんですけど、一回で満足するので、連続で行ける彼女たちはしゃぶしゃぶのスーパースターですね！かっこいいです！」

彼女たちはしゃぶしゃぶのスーパースターですね！

はるちゃんが2人をスーパースターと呼んでいたことを、あんりちゃんと田辺さんに聞かせてあげたいです（はるちゃんはあんりちゃんが黄色い服を着ていた時はいなり寿司、田辺さんが茶色い服を着ていた時はからあげと呼んでました）。

あんりちゃん、はるちゃんのしゃぶしゃぶ食べ放題の話を聞いて、田辺さんに「しゃぶしゃぶ食べ放題は、豚肉を食べることと思っていた私は浅かったわ」と伝えると、田辺さんはまとめるように

「しゃぶしゃぶ食べ放題はおせちみたいなものよ！」

って言ってました。最後急に納得できませんでした（めでたいってこと？）。

４人でコントしました

ぼる塾は初単独ライブをしました。４人でコントをしたのですが、なかなか集まれなかったこともあり、当日の本場前もずっと練習をしていました。

コントの内容は、歌のお姉さんあんりちゃんと体操のお姉さんはるちゃんの番組を、ネタのお姉さん酒寄と動かないお姉さん田辺さんが乗っ取りに来て決闘するというものです。

田辺さんが「ごちゃごちゃ言ってないでかかってきな！」という台詞があるのですが、本番当日にやっと台本を外したところ、田辺さんは

「ぐちゅぐちゅやってないでかかってきな！」

私が「田辺さん、口ゆすいでるの？」と言ったら、田辺さんが「え、間違えてた？」と返してきて

あんりちゃん「ぐちゅぐちゅとか言ってましたよ！」

田辺さん「ぐちゅぐちゅじゃなかったかしら？」

あんりちゃん「ごちゃごちゃですよ！」

田辺さん「ぐちゅぐちゅもごちゃごちゃも一緒じゃない？」

あんりちゃん「全然違いますよ！」

はるちゃん「アッハッハー!!　田辺さんやばい!!」

あんりちゃん「もう一回やりましょう」

田辺さん「そーりー」

仕切り直してもう一度始めたのですが

田辺さん「ぐちゅぐちゅやってないでかかってきな!!」

あんりちゃん「たーなーべーさん!!」

はるちゃん「アッハッハー!!」

ここから田辺さんいわく、「ゾーンに入った」らしく

田辺さん「ぐちゅぐちゅ言ってないでかかってきな！　言えた？」

あんりちゃん「言えてません」

田辺さん「ぐちぐち言ってないでかかってきな！」

あんりちゃん「意地悪な姑になってます」

田辺さん「ぐちゅ」

あんりちゃん「たーなーベー！」

田辺さん「私、日本語挫折してるのよ」（？）

はるちゃん「アッハッハー！」

"田辺さん、実は留学生説"まで浮上し、手伝いをしてくれていた作家さんが「もうここは田辺さんが何かしら言葉を発したらOKにしましょうか？」と、ゆずりすぎな提案までしてくれたのですが、田辺さんが

「もう一度やらせて！　さっき何か掴んだから！」

と言ったので、信じることにしてもう一度やったら

「ぐつぐつやってないでかかってきな!!」

田辺さんは鍋に喧嘩を売ってました（本番はできてました。さすが、田辺さん）。

決戦前のテレビ電話

昨年の12月14日に『女芸人No.1決定戦 THE W 2020』という女芸人のトップを決める大会がありました。その本番前に田辺さんからテレビ電話がかかってきました。

田辺さん「はーい！」

はるちゃん「酒寄さーん！」

あんりちゃん「酒寄さん！　いよいよです！」

ずっと夢だった THE Wの決勝、しかもテレビの生放送でのネタ披露。とても緊張してると思ったのですが3人の笑顔が並んでました。

私「娘たちの受験前の母親みたいな気持ちだよ」

はるちゃん「ママー！」

田辺さん「はーい！　美人3姉妹よ！」

私「なんか私が一番緊張してるように見える」

あんりちゃん「私も昨日まですごく緊張していたんですけど、今は落ち着

いてます」

はるちゃん「田辺さんなんて、タコベル買いに行ったんですよ！」

あんりちゃん「そうそう！　美味しそうな差し入れたくさんあるのに、『どうしてもタコベルが食べたい！』って言い出して、1人だけ外出してわざわざタコベル買いに行ったんですよ」

田辺さん「まぁねー」

田辺さんが今日は"まぁね"を忘れずにしました。最近私は、田辺さんのまあねは髪をなびかせているというより暖簾をめくってるように見えます。田辺さんが言いました。

「いい？　あんたたち、どんなにご馳走が目の前に並んでいてもタコベルが食べたかったら本能に従い、タコベルに走るのよ」

あんりちゃんが「さすが、田辺さん」と言うと、田辺さんが「まぁねー」と返し、はるちゃんが

「さっきオダウエダさんから『田辺さんから渋谷の路地裏の匂いがする』って言われてましたね！」

と笑顔で言いました。

田辺さん「あんた、この流れでなんでそれ言うのよ!!」

あんりちゃん「そういえば、さっき田辺さんが道で「3時のヒロイン」

に間違えられた時の返し方まで酒寄さんに考えてもらったって聞いて、ちょっと引きました」

田辺さん「あんたたち、なんで本番前に仲間割れするようなこと言うのよ!!」

はるちゃん「田辺さんやばーい!!」

田辺さん「あんた、私とやろうっての!?」

あんりちゃん「田辺さん、自分で少しは考えなきゃダメですよ」

田辺さん「人には得意不得意があるのよ!!」

あんりちゃん「田辺さんの得意って何ですか?」

田辺さん「タコベル!!」

あんりちゃん「食べてるだけじゃねーか!!」

はるちゃん「きゃははー!!」

いつも通りの3人がいました。私が笑っていると、あんりちゃんが姿勢を正して言いました。

「この後、めちゃくちゃ緊張するかもしれないですが、酒寄さんの顔が見られて私たち3人すごく安心できました。ありがとうございます。優勝目指して頑張りますが、私たちが大切にしている"楽しく"を一番に舞台に立ちます!　見守っていてください!」

田辺さんとはるちゃんがピースしています。私は「うん！ いつも通りやれば大丈夫だよ」と言い、3人を見送りました。

「毒入りゆるふわカルテットぼる塾！」

テレビの前で見守ってると、Bブロック最後の出番のぼる塾が登場しました。3人とも堂々と、そして本当に楽しそうにネタを披露していました。テレビでありがたいことに私のことにも触れてくれたので、司会の後藤輝基さんが私のことを話題にしてくれました。あんりちゃんが

「本番前も4人でテレビ電話したんです」

と言ったら、後藤さんが「酒寄さんから何かメッセージはあったの？」と聞いてくれました。

そういえば、田辺さんのタコベルの話聞いただけで、私何もアドバイスとか言ってない

さっきまで堂々としていたあんりちゃんが、急にしどろもどろになりながら
「……い、いつも通りやれば大丈夫って言ってくれました」

と、唯一言った応援っぽいひと言を思い出してコメントしてました。

貯金問題

はるちゃんと田辺さんと3人になった時、2人から相談があると言われました。

「お金が貯まらないのよ」

2人が同居するためにお金を貯めようとしていることは前に聞いていました。ですが、全然お金が貯まらないために計画が進まないそうです。

田辺さん「引っ越しって家賃だけじゃないのね！」

はるちゃん「冷蔵庫とか必要ですもんね！」

私「前よりお給料はもらえるようになったよね？」

はるちゃん「はい！　ありがたいことに！」

私「何に使ってるの？」

はるちゃん「それがわからないんですよね」

田辺さん「わかる!!　それがわからないのよ!!」

と、わかるのかわからないのかややこしいことを言われました。たぶん、2人とも大きな買い物というよりは少しずつお金を使ってしまうのだと思います。以前、いつもよりちょっと良かった給料明細が届いた時、

（まだ給料は入ってないけど田辺さん給料入ったと思って使っちゃうんじゃないかな）

と、思っていると田辺さんから連絡が来て

「やばい給料入ったつもりでお金使っちゃったわ！」

と報告されたことがあります（その時のお金の使い道は鳥貴族のテイクアウトでした）。

はるちゃん「どうしたらお金って貯まりますかね？」

私「それ用に口座を作ってお給料入ったらすぐその分を振り込むとか」

田辺さん「難しいわね。私江戸っ子よ」

はるちゃん「そうですね。田辺さん江戸っ子ですもんね」

私「じゃあ共同の通帳作って2人で協力して貯金するとか？　個人だと無理でも相手に迷惑かかると思ったらできるんじゃない？」

田辺さん「共同の通帳！　面倒ね!!」

田辺さんは正直者です。はるちゃんが「空からお金降ってきませんか

ね？」なんて話しているとあんりちゃんが戻ってきました。

あんりちゃん「どうしました？」

私「２人の相談にのってたよ。」

あんりちゃん「え！　２人が相談！」

はるちゃんが「どうしたら貯金ができるか聞いてた」と言うと、あんりちゃんが「あんた達それくらい自分で考えな！」と２人に注意をしました。

「そうだ！　あんりちゃんが２人のお給料預かって貯金してあげるってどう？」

と、私が言ったらあんりちゃんは

「無理ですね。あの２人の金だと思うと私は使い込みます」

と、言いました。あんりちゃんが２人に「酒寄さんに頼らないで自分達で少しは考えな！」と言うと、

「酒寄さーん、痩せたい！」

「酒寄さーん、美味しい物食べたい！」

「可愛いネイルしたーい！」

「ハイパーおもろになりたーい！」

「留学したーい！」

２人が好き勝手に言い出しました。するとあんりちゃんが怒って言いました。

「こら!!　酒寄さんはあんた達の和尚さんじゃないよ!!」

お母さんじゃなくて和尚さんなんだって思いました。

マフィンとドライブ

YouTube『ぼる塾チャンネル』のドライブ動画撮影の間に起こった出来事
でした。あんりちゃんと田辺さんがマフィンのことで喧嘩していて、はる
ちゃんが「食の好みは人それぞれだから喧嘩することじゃない」と言った
ら、
あんりちゃんが「わかってるよ！　それでも私たちは戦わなきゃいけな
い時があるの！」って言ってました——。

「酒寄さん、こんなことで喧嘩するなんてって思いますか？」

ドライブ中、隣の席であんりちゃんが私に言いました。私が「あんりちゃ
ん、マフィン好きなの？」と聞くと、あんりちゃんが「かなり……」と、
話し始めました。

「実は、私甘いものがあまり得意じゃないんです。でも、その中でマフィ
ンはなぜか昔から好きなんです。何て言うか、マフィンは私の中で特別な
存在なんです」

あんりちゃんは頭の中でマフィンを思い浮かべたのか、とても優しい顔を
しました。

「だから許せなかったんです!!　田辺さんが『マフィンよりフィナンシェ
のほうが美味しい』って言ったのが!!」

そう言ったあんりちゃんは、被害者が悪い奴だった時の名探偵コナンの犯人みたいでした。

「マフィンよりフィナンシェのほうが美味しいわよね」

田辺さんのそのひと言が喧嘩の始まりでした。

あんりちゃん「おい！　今なんつった！」

田辺さん「マフィンはボソボソしてるわ」

あんりちゃん「お前、車降りろ！」

田辺さん「スコーンは美味しい」

それまでは「キャンプして手作りバームクーヘン作りたいね」と４人で和気あいあいとしていたのに、一気に車内の空気が「マフィン」で変わりました。

あんりちゃん「酒寄さん！　マフィンは美味しいですよね!?」

私「うん、マフィンは美味しいよ」

田辺さんは車内で私たちの前の席に座っていました。田辺さんはあんりちゃんの声が聞こえているのかいないのか「わー！　カーブよー！」と道が曲がっていることにいちいち歓声を上げていました。

「……でも、はるちゃんの言う通り、こんなことで喧嘩するなんておかしいですよね」

あんりちゃんが言いました。田辺さんの隣ではるちゃんも「すごい！カーブだー！」と道が曲がっていることにテンションを上げています。

あんりちゃん「そうですよ！　私はマフィンが大好きだったら、それでいいんですから」

私「うん」

はるちゃん「カーブだー！　連続でカーブだー！」

あんりちゃん「私のマフィンへの気持ちをみんなに強制しちゃダメですよね」

私は、あんりちゃんって本当に反省が早すぎるなと思いました。

「安心してください！　私と田辺さんは『だんご３兄弟』くらいすぐに仲直りするんで！」

あんりちゃんが田辺さんの横顔に向かって笑いかけました。田辺さんは言いました。

「マフィンって見た目ほど美味しくないわよね」

それを聞いてあんりちゃんが言いました。

「田辺とは一生口きかねー！　はるちゃんと酒寄さんもこの女と口きくんじゃねーぞ」

その時、急にはるちゃんが

「いや〜、ドライブって全然したことなかったんですけど、すごく楽しいですね！」

って言ってきました。またみんなでドライブしたいです。

サブウェイのプロ

単独ライブの稽古のために4人で集まった日のことです。

はるちゃん「……って言ったら、あんりがブチギレたんですよ〜」

私は、はるちゃんがあんりちゃんとの大喧嘩を笑顔で話すのを聞いていました。

私（なんでこんなに笑顔なんだろう……）

あんりちゃん「あの、ちょっとコンビニ行ってきていいですか？」

田辺さん「あら！　ランチの買い出しかしら？」

あんりちゃん「はい！　お腹空いちゃって！」

時計を見ると14時を過ぎています。時間を意識した途端、私もお腹が空いてきました。

私「私も行っていい？」

あんりちゃん「もちろんです！　一緒に行きましょう！」

田辺さん「私も行くわ！」

はるちゃん「じゃあ、私留守番してます！　お腹空いてないんで！」

田辺さん「え!?　お腹空いてないなんてことある!?　14時過ぎてるよ！」

はるちゃん「はい！　お腹空いてないです！」

田辺さん「お腹空いてないなんてことないよ！　あんた、空いてるよ!?」

はるちゃん「大丈夫です！」

田辺さん「本当に!?　空いてるんじゃない？」

はるちゃん「空いてないです！」

田辺さん「だってお腹空いてないはずないよ！　14時過ぎてるよ!!」

あんりちゃん「14時過ぎだろうが、本人が空いてないって言ってるんだからいいでしょーが!!」

田辺さん「すみません」

はるちゃんに留守を任せて、あんりちゃんと田辺さんと私の３人で買い出しに行くことにしました。

田辺さん「はー、もう、お腹ぺこぺこだよ。14時過ぎてるからね」

あんりちゃん「時間関係なく、田辺さんはいつもお腹空いてるじゃないですか」

田辺さん「まぁね」

あんりちゃん「コンビニでいいですかね？」

田辺さん「ええ。今本当にお腹空いてるのよ！
……だから寿司に気をつけないとね」

あんりちゃん「ああ、寿司には気をつけないといけないですね」

私「あれは私が悪かったよ」

寿司について説明します。私にとって寿司は特別なご馳走であり、お祝い事がないと食べてはいけないという自分ルールを持っています。以前、私と田辺さんで昼ご飯を買いに行った時のことです。田辺さんがコンビニに入って早々、なぜか先に4リットルの水を購入し、4キロを持ち歩くというハンデを自ら背負いました。私は私で、昼ご飯に何が食べたいのかわからなくなる迷子に陥り、4キロを持った田辺さんに

私「スーパーに行ってもいい？」

と、コンビニから少し歩いたスーパーまで移動してもらい、さらにそこでも迷いに迷っていたら田辺さんから

「私、4キロ持ってるんだからね！」

と言われて焦り、探した中で一番食べたかった海鮮丼を手に取って田辺さんに

私「これ寿司かな？」

と聞いたら（別にお祝い事ではない普通の昼ご飯選びだったため、寿司だった場合、食べてはいけないという自分ルールを守れるか確認するためです。ちなみに、田辺さんもこの私の意味不明な寿司ルールは知っています）、

田辺さん「これは寿司だよ!!」

と言われたため、「じゃあ、これは食べてはいけない。今日は何でもない日だから」と諦めて、また昼ご飯探しを始めたところ、私の寿司ルールを思い出した田辺さんが、「私もあんたも大馬鹿者だよ!!」と叫んだ事件です。

あんりちゃん「あの時、全然２人が帰ってこないから、何かあったんじゃないかって、はるちゃんと心配したんですよ」

田辺さん「本当に酒寄さんの寿司の罠には気をつけないといけないよ」

あんりちゃん「はい、気をつけます。でも、酒寄さん、海鮮丼食べてましたよね？」

私「やっぱり食べたかったから。田辺さんも『よく見たら寿司じゃないね』って言ってくれたし」

あんりちゃん「あんたたち、何がしたいんですか」

田辺さん「いい？　あんり。酒寄さんに『これは寿司か？』と聞かれたら、寿司だよ！って言わなきゃダメだよ!!」

あんりちゃん「田辺さん、逆です！」

田辺さん「あらやだ！　難しいね」

スフィンクスのなぞなぞのような私の寿司問答の話をしながらコンビニに向かっていると、田辺さんが

「ねえ、サブウェイ行かない？」

と提案しました。私もサブウェイが大好きなので「いいね！」と言い、あんりちゃんも「いいですよ」とオッケーサインを出したのでそのままサブウェイに向かいました。

私「あんりちゃん、コンビニで買いたいものなかった？　大丈夫？」

あんりちゃん「大丈夫です！　サブウェイ美味しいですよねー！」

田辺さん「本当に店舗増えてくれないかしら」

あんりちゃん「そうですよね。寿司ないから酒寄さんの罠もないし」

私「ちょっとちょっとー!!」

この時、私ははるちゃんのモノマネをしましたが、声が小さすぎたのか全然2人は気づいていませんでした。

サブウェイに着くと、あんりちゃんがメニューを即決してすぐに注文し、その後に田辺さん、私の順で注文しました（簡単に説明すると、サブウェイは１つのツナサンドをとっても、パンの種類や野菜、味付けを自分でいろいろアレンジできるサンドイッチ屋さんです）。以前みんなでサブウェイに行った時、店員さんのオススメのドレッシングをそのまま「じゃあ、それで」と言った私は田辺さんに

「駄目だよ！　自分持たなきゃ！」

と、ダメ出しをされたことがありました。今回、私が選んだのは期間限定の商品で、商品名に「情熱のチポトレソース」と、ドレッシング名が入っているものだったので、これを店員さんにオススメされて「いえ、バジルソースで」なんて言うのはもはや冒瀆、もうチポトレソースしかないだろうと思ってドキドキしていると、店員さんは

「ドレッシング、どうされますか？」

と、まさかのドレッシングをオススメしてくれないという事件が発生しました。

私（名前に情熱のチポトレソースって入ってるのに、まさかオススメしないなんて！　え、フリースタイル？）

私は迷って、「情熱のチポトレソースで」と言いました。田辺さんは自分のサンドイッチが作られているのを見るのに夢中で、私のドレッシングに関して気にしていないようでした。会計を済ませると、最初に会計を済ませていたあんりちゃんが店に貼ってあるポスターを見て、

「これ美味しそうですね。気づいてませんでした」

と言いました。

私「私、それにしたよ。期間限定」

あんりちゃん「うわーいいなー。美味しそう。……やっぱり私、これも買ってきます！」

と、あんりちゃんはまた会計に並びました。田辺さんと先に店の外に出ると、田辺さんが「いひひひひ」と魔女みたいに笑いだしました。

私「どうしたの？」

田辺さん「いひひ……いや、あの店員さん、おでぶちゃん2人とガリガリでサブウェイ買いに来て、絶対ガリガリが食べたいって言いだしたんだろうなーって思っただろうなって考えたらおかしくて！」

田辺さんは、私へのガリガリに夢中で、自分のことをおでぶちゃんと言っていることに気づいていないようでした。

田辺さん「絶対あのガリガリがサブウェイって言い出して、おでぶちゃん2人が従ったって思ったよ！　そこにあんりが舞い戻って2個目注文でしょ！　ほら！　おでぶちゃん足りないから2個頼むよ〜って思ってるよ!!　いひひ!!　本当は私がサブウェイって言い出したのに！　あの店員、騙されてる!!　おかしいね!!」

田辺さんは1人ライアーゲームを楽しんでいるようでした。

私「そういえば、今日ドレッシングオススメされなかったよ」

田辺さん「え!?」

私「私が頼んだやつ、商品名にドレッシングの名前が入ってるのだったのに、ドレッシングの時にオススメされなかった。まあ、それにしたけど」

田辺さん「あんたそれ、サブウェイのプロだと思われたんだよ!!」

私「サブウェイのプロ？」

田辺さん「サブウェイに自分を持ってる女だと思われたんだよ!! 言われてみればそう見えるよ!!」

私「そうかな？」

田辺さん「そうだよ! ガリガリでおでこ出した黒髪を１つ結びに! オレのオススメドレッシングなんて、この女には却下されるって思ったんだよ!!」

私「今日、黒のワンピース着てるのもそれに拍車をかけたかな」

田辺さん「かけたね! もう己のサブウェイがある女のコーデだよ!!」

２人で盛り上がってると、会計を済ませたあんりちゃんが「楽しそうですね」と戻ってきました。

田辺さん「いひひ、戻ってきたね」

あんりちゃん「何ですか、その笑い」

私たちは帰りながら、私がサブウェイのプロだと思われているという話を
あんりちゃんに報告しました。

あんりちゃん「私もオススメドレッシング言われませんでしたよ」

田辺さん「あ、そういえば私もオススメドレッシング言われなかった
わ！　奥ゆかしい店員さんなのかもね！」

今までの話は何だったんだと思いました。その後、みんなで仲良く食べた
のですが、私がレタスの切れ端を落としてしまったので拾ったら、

田辺さん「うおあああああ、ダメだよおおおお!!」

私「え、何？」

田辺さん「今酒寄さん、落ちたの食べようとしたでしょ！」

私「食べないよ　拾っただけだよ！」

田辺さん「いや、すごく食べそうな顔してたよ!!」

一体、私は田辺さんの目にどう映ってるんだろうと思いました。

干し芋VSネタ作り

ネタ作りのために4人で神保町に集まった時のことです。

あんりちゃん「この後、作家さんが見てくれるらしくて、今日中に1本完成させたいです」

田辺さん「そうね！　良いネタができるように祈ってるわ！」

あんりちゃんはノートを開き、田辺さんはお菓子の袋を開きました。

あんりちゃん「酒寄さん！　ここの流れって不自然ですかね」

私「確かに少し突然すぎるかもしれないね」

あんりちゃん「じゃあ、一度ここで私の台詞挟みましょうか？」

はるちゃん「あんりー、春雨サラダって全部千切りにしなきゃダメ？」

私は、はるちゃんの突然の春雨サラダに（春雨サラダ？）と思いましたが、あんりちゃんは無視して、「酒寄さん、これでどうでしょうか？」とネタ作りを続けていました。

はるちゃん「ねー！　自分で食べるなら千切りじゃなくてもいいよね？」

あんりちゃん「この流れなら自然ですかね？」

はるちゃん「ねー！　あんりー！　千切りって面倒じゃない？」

あんりちゃん「……うるせえ!!　あんたはもう買って食いな!!」

はるちゃん「ぴえーん！」

あんりちゃんが「すみません。酒寄さん」と、突然の春雨サラダについて説明してくれました。

あんりちゃん「昨日、一日中仕事だったんですけど」

私「うんうん」

あんりちゃん「終わりのほうで疲れがピークに達していた時に、はるちゃんが春雨サラダの作り方を聞いてきて、私教えたんですけど、めちゃくちゃしつこくて、私初めて春雨サラダで泣きました」

私「大変だったね」

はるちゃん「春雨サラダって何なんですかね？」

あんりちゃん「酒寄さん！　ネタ作りを続けましょう」

私たちは再びネタ作りを再開しました。

あんりちゃん「あ！　酒寄さん！　ちょっと思いついたんですけど！」

あんりちゃんは何かを閃いたようでした。

あんりちゃん「ここもっと面白くすれば、面白くなると思います!!」

そう言った後ですぐ、

あんりちゃん「今の忘れてください!!」

と言って、「すみません。あいつらがまた現れたみたいです」とあんりちゃんは頭を抱えました。

私は「あいつらって？」と聞きました。

あんりちゃん「私がネタ考えてると、必ず現れるんです。

当たり前のこと言う女と忘れてください女!!

こいつらセットでちょくちょく現れるんです。

めちゃくちゃ面白いボケ入れたらこのネタは面白くなる！　とか、まじで当たり前のこと言う女なんです!!」

田辺さん「私の頭の中にもいるわよ。当たり前のこと言う女」

漫画を読んでいた田辺さんが突然会話に入ってきました。

私「例えば？」

田辺さん「何言ったかは記憶にないね」

あんりちゃん「じゃあ、なんで会話に入ってきたんですか」

田辺さん「すみません」

あんりちゃん「干し芋食べながら謝らないでくださいよ」

いつの間にか田辺さんは干し芋を食べていました。

田辺さん「そういえばさ」

あんりちゃん「私たち、ネタ作らなきゃいけないんですよ！」

田辺さん「私ね、まず起きたら太ってたの」

数十分後。

あんりちゃん「うわ！　また田辺さんの話聞いちゃった!!」

田辺さん「すみません」

私「結局、田辺さんは何が言いたかったの？」

田辺さん「寝ないと太るってことよ！」

私「じゃあ、田辺さんは寝なかったの？　さっき寝たって言ってたよね？」

田辺さん「寝たよ！」

あんりちゃん「田辺さん、寝たのに太ってるじゃないですか」

田辺さん「本当だ。おかしいね」

あんりちゃん「おかしいのはあんただよ！」

あんりちゃんと私が田辺さんの意味不明な話に文句を言っていると、それまで真剣に猫が遊んでる動画を見ていたはるちゃんが立ち上がりました。

はるちゃん「私、ちょっとコンビニまで行ってきます！　みんな何か欲しいものありますかー？　いえーい！」

あんりちゃん「じゃあ……秋葉原の一番端にあるファミリーマートまでなるべく遠回りして行ってきて」

はるちゃん「ちょっとちょっとー！　神保町にもコンビニありますからー！」

田辺さん「やーい！　はるちゃん邪魔だと思われてるー！」

あんりちゃん「田辺さんもはるちゃんの荷物持ちに付き合ってあげたらどうですか？」

田辺さん「あんり、欲しいものたくさんあるの？」

あんりちゃん「……小さいチョコを１袋」

田辺さん「2人も必要ないじゃない!!」

はるちゃん「あーん、意地悪ー!」

あんりちゃん「今度こそネタ作りに戻りましょう!」

あんりちゃんと私はネタ作りに戻りました。途中、いつの間にか戻ってきたはるちゃんと田辺さんでトークライブの話をしているのが聞こえました。

はるちゃん「私いつかトークライブしたいんですよ。私とゲストで60分間!　台本一切なしのトークライブ!」

田辺さん「あら素敵!　私はゲストに呼ばないでね!」

私も呼ばれたくないなと思いました。あんりちゃんが頑張ってくれたおかげで、ネタはなんとか形になりそうでした。

あんりちゃん「よし、もう少しで完成ですね。田辺さん、はるちゃん、ここまで読み合わせ……あれ、田辺さん干し芋1袋食べ終わったんですか?」

田辺さん「ひと足お先に」

田辺さんは、最初に開けたお菓子とは別だったのにもかかわらず、干し芋を1袋完食していました。

あんりちゃん「……こちらは複数人でネタ作りしているのに、たった一人で干し芋食べていた田辺さんにスピード勝負で負けるなんて」

田辺さん「あんたたちは頑張ったよ。相手が悪すぎたね。私が強すぎるの」

田辺さんはかっこよく自分は食いしん坊だと伝えてきました。あんりちゃんが「ずっと頭使ってたら疲れた……。私も何か甘いもの食べたい……」と言って、「あれ？」と何か気づいたようでした。

あんりちゃん「よく考えたら、なんで田辺さんが一番糖分取ってるんですか？」

聞かれた田辺さんは、

田辺さん「ネタ作りやることないから食べようと思って」

って言ってました。

息子、ぼる塾に会う

初めて息子を連れてはるちゃんと田辺さんの家に行った時のことです。

テレビ電話などしていましたが、あんりちゃんとはるちゃんは息子と会うのは1年以上ぶりです。

「こんにちはー」

玄関を開けるとあんりちゃんが笑顔で迎えてくれました。

あんりちゃん「みたらしちゃーん」

息子「アンパンマン!!」

再会はアンパンマンで始まりました。

はるちゃんと田辺さんが大笑いするリビングに入ると、あんりちゃんは息子に優しく教えました。

「いい?　みたらしちゃん。何度も言うけど、私はアンパンマンじゃないの」

あんりちゃんが息子にアンパンマンと間違えられたのは、これが初めてではありませんでした。

息子「アンパンマン？」

あんりちゃん「ノー！　アンパンマン！　ノー！　私は偽者！　私は誰も救ったことないから!!　私はどっちかと言うとカバお!!」

息子「アン！」

あんりちゃん「ノー！」

"アン"の場合、あんりの可能性もあるのに、あんりちゃんは食い気味に否定していました。私は

（あんりちゃんは誰のことも救ったことないって言ったけど、あんりちゃんはいろんな人救ってるよ。あんりちゃんは本物のアンパンマンだよ!!）

って言いたかったけど、それも何か悪口みたいになりそうだったので、

「……あんりちゃんは人だよ」

と、誰にも聞こえないほど小さい声でしか言えませんでした。

それからあんりちゃん、はるちゃん、田辺さんは息子とたくさん遊んでくれました。息子が田中みな実さんの写真集を開こうとした時だけ田辺さんは

「それはあんたにはまだ早いよ！」

と止めていました。たくさん遊んで、あんりちゃんがふとテレビのほうを見て言いました。

あんりちゃん「はるちゃん、田辺さん、テレビ使ってもいいですか？」

田辺さん「いいわよ」

あんりちゃん「私の甥っ子もみたらしちゃんと同じくらいの年なんですけど、YouTubeでお気に入りの歌があるんです」

私「へー、気になる！」

あんりちゃん「みたらしちゃんも気に入ってくれるといいんですけど」

そう言ってあんりちゃんがYouTubeの検索ページを開くと、

検索履歴　ホスト

あんりちゃん「何ですか？　これは」

田辺さん「やだー!!　あっはっは!!」

検索履歴の一番上にホストの文字がありました。

あんりちゃん「何調べてるんですか？」

田辺さん「いいわよ!!　私のことは!!」

あんりちゃん「ホスト？」

田辺さん「いいから!!　みたらしちゃんにお歌聞かせてあげましょう!!」

田辺さんが無理矢理話題を変えて、この時は終わりました。しかし、たまたま2人になった時、はるちゃんが私に言いました。

「私がいけないんです」

はるちゃんと田辺さんは最近実家を出て2人暮らしを始めたので、2人の間に何かあったのかと思いました。はるちゃんは私に田辺さんの奇行の理由を教えてくれました。

私「何があったの？」

はるちゃん「私、最近ハマってる漫画があるんです」

私「うん」

はるちゃん「その漫画の広告を田辺さんがたまたま見かけて興味持ったらしくて、それで私『すごく面白いですよー！』って薦めたんです」

私「うん」

はるちゃん「そしたら田辺さんも読み始めて、その漫画、ホストが出てくるんですけど。
……田辺さん、ホストに（行ったことないけど）ハマってしまったんです」

私「……田辺さん、ホストに（行ったことないけど）ハマっちゃったんだ」

はるちゃん「田辺さん、今ホストに（行ったことないけど）夢中なんです!!　私のせいです!!」

私「だったら田辺さん、『ドラゴン桜』とかにハマって東大目指せばいいのにね」

はるちゃん「わー!!　それいいですね!!　東大目指してほしいです!!」

その後、息子を膝に乗せてご満悦の田辺さんに

「ホストに（行ったことないけど）ハマってないで、『ドラゴン桜』読んで東大目指しなよ」

と言ったら、田辺さんはこう言いました。

「それならまず、私を若返らせて小学校からやり直しだね。それでKAT-TUNの亀梨君が幼馴染にいて、『一緒に頑張ろう！』って言われたら東大目指してもいいよ」

そこまでして、東大合格じゃなくて目指すだけって、わりが合わないと思いました。

田辺さん「合格は無理だね」

何を言ってるかわからない息子は、そんな田辺さんの膝の上で楽しそうでした。田辺さんは膝の上の息子を見て、「でもさ、みたらしちゃんの未来はまだまだこれからなのよね」と、突然しんみりし始めました。

田辺さん「みたらしちゃん、変な女に捕まっちゃダメよー！」

と言いました。私は今捕まってると思いました。

<u>忘れるぼる塾</u>

ぼる塾単独ライブ『茄子の味噌炒め』当日の話です。

「おはよう！」

私が楽屋に入ると３人はもう揃っていました。

あんりちゃん「酒寄さん！　おはようございます！」

はるちゃん「わーい！　ママー！　おはよー！」

田辺さん「はーい！　酒寄さん！　私、昨日初めて名乗らなかったわ！」

とりあえず田辺さんにわかる日本語で説明をお願いしました。

田辺さん「昨日、母親と入った蕎麦屋で、『名乗るほどの者じゃございません』って言ったのよ！」

私「なんか武士みたいだね」

田辺さん「生まれて初めてよ！　こんなこと言ったの！」

しかし、私は以前田辺さんが『名乗るほどの者じゃございません』と言っ

ていたのを覚えていたので本人に伝えました。

私「田辺さん、前にも言ってるよ」

田辺さん「え？　こんな台詞言うこと、生きててないよ！」

私「あんりちゃんと一緒に行った美容院で言ってるよ」

田辺さん「……ああ、言ってたね！　じゃあ、私人生で2回も名乗って
ないんだね！」

田辺さんの言い方だと、常に名乗ってる人みたいに聞こえました。

田辺さん「完全に忘れてたわ。確か美容院で友達同士で起業した女社長を
演じたのよ！」

あんりちゃん「田辺さん！　蕎麦屋でなんでそんな状況になったのか酒
寄さんに早く説明してくださいよ！」

田辺さん「そうね！　母親と入った蕎麦屋の店員さんが
『あなた！　テレビで見てるわよ！』
って話しかけてくれて、
『えっと、やだ、急に名前が出てこなくなっちゃった！　ごめんなさ
い！　えっと！　お名前！　本当に好きなのよ！　あなた普段はお化粧
してるから！　今してないでしょ！』
って必死に思い出そうとしてくれたのよ。自分で田辺ですって言おうか考
えたんだけど、ここまで必死に思い出そうとしてくれてるのに、私がここ
で自分で名乗るのも変かなって思って

名乗るほどの者じゃございません。って」

私はそっちのほうが変だと思いました。

私「それでどうなったの？」

田辺さん「すぐに私の母親が代わりに名乗ってたわ」

あんりちゃん「目の前で自分の娘が『名乗るほどの者じゃございません』って言い出して、代わりに名乗ったお母さんのこと考えると胸が苦しくなります……」

はるちゃん「あんりが苦しいのはー！　食べすぎー！」

あんりちゃん「腹じゃなくて胸って言ってるだろうが!!」

田辺さん「いひひひ!!!　あんり言われてる!!!」

あんりちゃん「あんたのせいだろうが!!」

田辺さん「すみません」

私は、あんりちゃんとはるちゃんに聞きたいことがあったのを思い出しました。

私「2人のお友達で、すごく絵が上手な子いない？」

あんりちゃん「います！　学校の同級生です！」

私「SNSで見かけて、めちゃくちゃ上手だね!!」

あんりちゃん「昔からずっとうまかったんですよ！　私もはるちゃんも絵が好きなグループにいたんですけど、その中でもずば抜けてうまかったです!!　遠足のしおりの表紙とかいつもその子が描いてました」

私「ずっと上手だったんだね」

はるちゃん「ずっと昔から上手でしたよ！　私もあんりも絵が好きなグループにいたんですけど、その中でもめちゃくちゃうまかったです!!　遠足のしおりの表紙とかいつもその子が描いてました!!」

あんりちゃん「はるちゃん！　私、全く同じこと言ってるんだけど！」

はるちゃん「え！　嘘!?」

あんりちゃん「あんた、私の話聞いてなかったんでしょ！」

はるちゃん「え、聞いてたよ！　聞いてて忘れたんだよ！」

あんりちゃん「そのほうが怖いんだけど!!」

ホラーな展開になりそうでしたが、その後、はるちゃんが田辺さんとのルームシェアの話をしてくれました。内容は、田辺さんが１つのおにぎりを両手で大事に持って食べている姿が可愛かったのではるちゃんが手を振ったら、田辺さんはおにぎりを手放したくなかったのか、リコーダーを吹いているような感じで立てた指で手を振ってくれたという話でした。

その話が終わって、私はもう一つ聞きたかったことを思い出しました。

私「そうだ、田辺さんに聞きたいことあったんだ」

田辺さん「あら、何かしら?」

私「昨日、ぼる塾が出てたテレビ見てたら、番組の中で田辺さん98キロって言ってたんだけど、最近会った時は94キロって言ってたでしょ。少しダイエットできてるじゃん」

あんりちゃん「確かに言ってました! 田辺さん痩せましたね」

田辺さん「え? 私、痩せた感じ全然しないんだけど。98キロ量った時は4キロの服着てたんじゃない?」

あんりちゃん「田辺さん鎧でも着て量ったんですか?」

田辺さん「え? 洋服ってそれくらいの重さしない?」

あんりちゃん「そんな重くないですよ!」

田辺さん「え、じゃあ3キロくらい?」

あんりちゃん「いや、重くて1キロくらいじゃないですか?」

田辺さん「あらー! 私、今までかなりの体重を洋服に押し付けてたわ」

あんりちゃん「洋服に謝ってください」

田辺さん「すみません」

あんりちゃん「田辺さん、毎日体重量ったほうがいいですよ。私、最近は朝と夜の2回量るようにしてます」

田辺さん「やだ!!　あんた、よく夜の体重計なんて乗れるね!!」

田辺さんは体重計を廃墟みたいに言ってました。

私「なんで2回乗るの？」

あんりちゃん「本当は朝量るのが正解らしいんですけど、夜って一番体が重くなってるじゃないですか！　だから1キロとか増えてたら、わー！食べすぎたって反省するために夜も乗ってるんです」

私「偉いね」

あんりちゃん「いえ！　朝になったら全て忘れるんで、普通にめっちゃ食べます！」

田辺さん「じゃあ、ただ体重計に2回乗ってる人ね！　それでこそあんりよ！」

ぼる塾はみんな忘れがちだなって思いました。

神対応

その日のネタ作りは夜から始まることになり、私は家からオンラインでネタ作りに参加することにしました。パソコンを繋ぐと画面に3人が映りました。

田辺さん「はーい！　酒寄さん！」

あんりちゃん「お疲れ様です！」

はるちゃん「はーい！　ママー！」

みんなは楽屋の一室を借りて集まっているようでした。

あんりちゃん「私たちしかいないんで、みたらしちゃんの声とか全然気にしないで自由にさせてあげてくださいね！」

田辺さん「みたらしちゃんはどこ!?」

息子が顔を見せると、あんりちゃんが息子お気に入りの鳩のモノマネをしてくれました。

あんりちゃん「くるっくーくるっくー」

田辺さん「あはは」

あんりちゃん「くるっくーくるっくー」

田辺さん「あはは」

あんりちゃん「なんで田辺さんが笑うんだよ！」

息子ではなく、田辺さんが大笑いしていました。息子は照れているのかな
かなか笑いません。あんりちゃんは

「みたらしちゃーん！　ほら鳩のアンパンマンのお姉さんだよー！」

と、謎の化け物を自ら名乗り（息子はあんりちゃんのことをアンパンマン
だと思っています）、本当に鳩に乗っ取られたんじゃないかというくらい
ずっと鳩のモノマネをしてくれました。さすがの田辺さんも

「あんた、もうやめたら」

と心配していると、ようやく息子はにこにこ笑いだしました。

田辺さん「あんり、場を温めてくれてありがとう。そろそろ私の出番ね」

田辺さんが「みたらしちゃーん!!」とパソコンの画面いっぱいに映ると、
息子は逃走しました。

田辺さん「なんで逃げるのよ!!」

はるちゃん「みたらしちゃーん！　捕まったら食われるよー！」

田辺さん「あんた、余計なこと言うんじゃないよ！　みたらしちゃん、戻っておいで!!」

パソコンの画面越しにおいでおいでしている田辺さんは、魚を捕っている熊のような迫力がありました。

田辺さん「あ！　みたらしちゃん！　和室にね！　エアコンついたよ!!　エアコン!!」

和室とは田辺さんの部屋のことです。以前、はるちゃんと田辺さんの家に息子も一緒に行かせてもらった時、息子がネタを作っているあんりちゃんと遊びたがり、田辺さんが「和室で遊ぼうね」と言って、自分の部屋に連れていくと、息子の嫌がる声が聞こえてすぐ出てくる、というのを繰り返し、決定的に2人の仲を決裂させたことがありました（それ以来、ぼる塾の中で悪いことをすると、「そんなことすると和室行かせるよ！」というブームがきました）。

田辺さんが何度「エアコン！　エアコン！」と言っても、もう息子はパソコンの画面に映らないほど遠くに逃走していました。

田辺さん「みたらしちゃん！　エアコンだよー!!　エアコン!!」

あんりちゃん「田辺さん、アピールが渋すぎます！」

息子は今1歳です。

田辺さん「え、そうかしら!?」

あんりちゃん「それにみたらしちゃんは、私たちみたいに太っちょじゃないんだから、エアコンにそんな引きないですよ」

田辺さん「エアコン大事だよ!!」

あんりちゃん「発想が太ってます！」

その後、私は場所を移動するために1回ネタ作りを抜けました。場所を移動して、再びパソコンを開いてネタ作りに参加し直すと、画面には田辺さんの顔の付近で「ぶりぶりーぶりぶりー」とお尻を振っているはるちゃんが映っていました。

あんりちゃん「ここにボケ足したいんですよね」

私「うんうん」

田辺さん「あんた、やめなって!!」

はるちゃん「ぶりぶりー！　田辺さん、はー、ぶよぶよー！」

田辺さん「ぶよぶよって言うほうがぶよぶよだよ！」

ネタ作りはスムーズに進んでいきました。すると、田辺さんが

「『梨泰院クラス』って面白いね！」

と話し始めました。話題になった韓国ドラマです。

あんりちゃん「田辺さん、見始めたんですか？」

田辺さん「ええ！　すごい面白いね!!　あれ、やばいよ!!　みんな見たほうがいいね!!」

私「気になってた！　私、まだ見れてなくて」

田辺さん「絶対見たほうがいいよ!!　まじオススメ!!　あれ見て、新大久保行っちゃった!!」

はるちゃん「えー、いいなー！」

田辺さん「超面白いよ!!　本当にハマるよ!!」

あんりちゃんはそのドラマを見ているらしく、「わかります！　あれは止まらなくなりますねー」と、田辺さんの興奮具合にうんうん頷いていました。

あんりちゃん「何話まで見たんですか？」

田辺さん「まだ第 1 話だけ」

あんりちゃん「え!?　１話しか見てないのに今のテンション出せます!?」

はるちゃん「めちゃくちゃ一気見したのかと思いました」

あんりちゃん「逆に、よく第 1 話でやめられましたね」

田辺さん「お腹空いちゃったの」

私「そんな、普通は止まらないものなの？」

あんりちゃん「あれを1話で見るのやめるなんて！　なんて言ったらいいか……かっぱえびせん2本で食べるのやめるみたいなものですよ」

私「そんな人間いる!?」

あんりちゃん「そのレベルです！」

はるちゃん「待って!!　みんな見て!!　田辺さん寝てる!!」

確認すると田辺さんは寝ていました。

あんりちゃん「嘘でしょ!?　田辺さん！」

私はネタ作りの時、「やることがないから」と言って干し芋を一気食いしたり、「みんなに一回確認してほしいことがあるの！」と言って中断させてアイドルのPVを見せてきたり、真剣に漫画を読んだりしている田辺さんを思い出しました。

それでも、毎回、無遅刻無欠席でネタ作りに参加する田辺さん。

私「田辺さんって何のために毎回ネタ作り、参加するんだろう」

私は思わずあんりちゃんに聞いていました。

あんりちゃん「私たちに対するファンサービスですかね」

私はそれを聞いて、田辺さんはなんて素敵な人なんだろうと思いました。
私は言いました。

「でも、私、田辺さんのファンじゃないんだけど」

あんりちゃんは「私もです」って言ってました。

田辺さんは大変

単独ライブのために 4 人で集まった時のことです。

田辺さん「あんりが少し遅くなるみたいだから、ゆっくりしていましょう」

田辺さんはそう言って、楽屋にあったおせんべいを手に取って食べ始めました。

はるちゃん「あ！　じゃあ昨日の田辺さんが大変だった話、しましょう！」

私はみんなに会うたびに田辺さんが大変だった話を聞いているような気がしました。

私「なんか常に田辺さん、大変になってない？」

田辺さん「私は別に大変じゃないわよ！」

はるちゃん「始まりは昨日の行きのタクシーだったんですけど……」

田辺さん「このせんべい美味しいね。あんたたちも食べな」

私「田辺さん、少し静かにして」

田辺さんが静かになったところで、はるちゃんは昨日の出来事を話し始めました。

はるちゃん「私と田辺さん、一緒にタクシーで現場に向かったんですけど、田辺さんが『やばい!! 財布忘れたっ!!』ってタクシーの中で気づいたんです」

田辺さん「やっちゃったね」

私「田辺さん、前にも財布忘れたことあったよね」

はるちゃん「でも、私も一緒だったから、私がお金出してなんとかなったんです」

私「よかったね」

はるちゃん「その後あんりも合流して、仕事して、私とあんりが先に終わったんです。田辺さんだけまだその現場で仕事残ってて」

私「うん」

はるちゃん「その後、私たち渋谷でお笑いライブの仕事があって。そうしたら田辺さんが『あんりとはるちゃん、先に渋谷行っていいよ』って言ったんです」

田辺さん「だって、待たせるの悪いと思ってね」

はるちゃん「『待ってます!』って私たち言っても、田辺さんが『行き

な！　怒るよ！』って言うんで、じゃあって、私とあんり、先に渋谷に行ったんです」

私は少し嫌な予感がし始めました。

はるちゃん「私とあんりは空き時間ができたんで、カレードリア食べようってファミレスに入ったんです」

私「うん」

はるちゃん「田辺さんに、『カレードリア食べてます！　田辺さんも早く終わったら合流しましょう！』って連絡したら、田辺さんから『いいなー！　私も食べたい!!』って連絡がきて、その後すぐに、田辺さん『やばい、財布忘れたこと忘れて、お金ないのに今タクシー乗ってる!!』って!!」

ちょうどその時にあんりちゃんが「すみません！　遅くなりました！」と部屋に入ってきました。

はるちゃん「今、ちょうど昨日の田辺さんの話、してたところ〜」

あんりちゃん「ああ！　田辺さんが大騒ぎした話！」

田辺さん「ほら！　あんりが来たからその話はやめてせんべい食べましょう」

あんりちゃん「今、せんべいは大丈夫です」

田辺さん「せんべい……」

はるちゃん「田辺さんがめちゃくちゃ焦ってるから、『ファミレスまでタクシーで来てくれたら、私たちで払います！』って言ったら、田辺さんってば『あんたたち、私がタクシーで行って、本当にそこにいる？』とか疑ってきて」

田辺さん「動揺してたのよ」

あんりちゃん「田辺さんが『あ！　PASMOは持ってる‼　2000円入ってる‼』って言って、でも前にその現場から渋谷でタクシー乗った時3000円以上かかったこと覚えてたんで、それを伝えたら、『なんで2000円しか入ってないのよ‼　なんで⁉』って田辺さん怒って、いや、あんたがチャージしたんだろって‼」

はるちゃん「『もはや、ここまでかーっ！』って、田辺さん勝手に追い詰められた犯人みたいになって、でもその後すぐに田辺さんが『そういえば、さっきこの前の仕事のタクシー代金もらったんだ！　2000円！』って言い出して！」

田辺さん「そうなのYO!」

突然、田辺さんがラッパーになって会話に入ってきました。

田辺さん「結果、PASMOの2000円と現金の2000円足してお金払えたのよ！　運転手さんに『パスモと現金で分けて払ってもいいですか？』って聞いた時はちょっと恥ずかしかったけどね」

田辺さんはそう言って、照れ臭そうにせんべいをかじりました。

あんりちゃん「で、時間になっちゃって、結局、カレードリアを田辺さん、食べられなくてかわいそうだねって、はるちゃんと私でカレードリアをテイクアウトして劇場に持っていったんです」

私「2人とも優しいね」

あんりちゃん「そうしたら、合流した田辺さんが、
『さっき、ネルソンズの岸さんにおにぎり買ってもらっちゃった！』
っておにぎり食べてて」

田辺さん「私が可愛いからいけないのよ」

はるちゃん「それだけなら別にいいんですけど、田辺さん、財布忘れたこと全然反省しないで
『おにぎりとカレードリアまで手に入るなんて！　私って、お金なくてもなんとかなるね！　私すごいね！』
って言って、そこからあんりの説教です」

あんりちゃん「許せなかったんです。生き様が」

田辺さんを見ると、「せんべい食べたら喉が渇いたわ」と、カバンからスタバの水筒を取り出し、飲み始めました。はるちゃんが「それ中身、豚汁ですか？」と聞いていました。

田辺さん「豚汁なんて持ってこないわよ！　ルイボスティーよ！」

あんりちゃん「一度、田辺さんから財布取り上げて、誰も田辺さんを知らない場所に置いてこないと反省しないです」

私は、昔放送していた『進め！ 電波少年』という番組みたいな無茶ぶりだなと思いました。

あんりちゃん「まだこの話には続きがあるんです。その後、ちょっと時間が空いてもう一つ仕事があって。はるちゃんと田辺さんのシェアハウスで少し休んでから、また出かけようってなって」

私「うんうん」

あんりちゃん「テーブルの上に田辺さんの忘れた財布が置いてあって。田辺さんが、『あ、あったよ！　よかった！　よかった！』って言って。

ここで酒寄さんにクイズです」

私は当ててやろうと思いました。

あんりちゃん「テーブルの上に忘れた財布が置いてあって、この後また仕事があります。どうしますか？」

私「え、まず財布をカバンの中に入れる？」

あんりちゃん「ぶーっ！　田辺さんは違います。
正解は、財布は放置してKAT-TUNのファンクラブの会報を読む、でした」

私「いや！　財布入れろよ!!」

思わず私の口調が変わってしまいました。

あんりちゃん「だから私、頭にきちゃって田辺さんに、財布入れろ!!　って言ったのに、田辺さんずっとKAT-TUNに夢中なんです。だから私も、
『田辺さん、財布入れましょう！』
『田辺さん、財布入れなさい！』
『田辺さん!!　財布入れろ!!』
『田辺!!　入れるまで言い続けるからな!!　財布入れろ!!』
そしたら田辺さんが『やだー！　あんり！　お母さんみたい!!』って言って」

※ここから先は、皆さんの一番頭にくる田辺さんの顔を思い浮かべて読んでください。

あんりちゃん「田辺さんが『はいはい！　財布入れますから見ててくださいね!!　入れますよー!!　ほらー!!』って言って、すごくゆっくりカバンに財布入れたんです」

田辺さん「本当にあんり、お母さんみたい！」

あんりちゃん「私とはるちゃんがいけないんです。甘やかしすぎました」

はるちゃん「そういえば、田辺さん、渋谷で久しぶりに会ったレインボーのジャンボさんに、『田辺さん、久しぶりに会ったら化け物みたいになってるね！』って言われてましたね！」

田辺さん「あんた、話の流れ考えな!!」

あんりちゃん「これからは田辺さんに、少し厳しくしたいと思います！」

はるちゃん「手始めに、田辺さんの水筒の中身を豚汁にすり替えます!!」

田辺さん「やだ‼　火傷しちゃうわよ‼」

はるちゃん「冷ましたの入れます」

田辺さん「うわっ‼　冷えた豚汁なんて最悪なんだけど‼」

あんりちゃん「まずは豚汁のすり替えから始めたいと思います」

私は、ルイボスティーを冷えた豚汁にすり替えるなんて、あんりちゃんとはるちゃんは田辺さんに本気で厳しくするんだなと思いました。

田辺さん「まあまあ、そんなこと言わないで！　みんなで私の持ってきたお菓子でも食べましょうよ」

そう言って田辺さんは、自分のカバンからせんべいを取り出しました。

私「え⁉　田辺さん、自分でせんべい持ってきてるのに、楽屋のせんべい食べてたの⁉」

田辺さん「え⁉　何がおかしいの⁉　違う味じゃん‼」

私は、この時田辺さんに論破されたのが今でも悔しいです。

森のグラタン

2021年 8 月29日にぼる塾は単独ライブ「森のグラタン」をしました。今回はその時の思い出を書こうと思います。

単独ライブ前日のことです。私と田辺さんは明日のネタのことを話していました。

私「ネタ、覚えられた？」

田辺さん「なんとか覚えられたわ！」

そう言ってすぐに田辺さんは「ただね……」と続けました。

田辺さん「感受性豊かって台詞だけ、どうしても忘れちゃうの」

私「そこだけ？」

田辺さん「そこだけ。なぜか好奇心旺盛って言っちゃうのよ」

私「何でだろうね？」

田辺さん「どうにかならないかしら？　感受性豊かって言えそうでも、あら？　好奇心旺盛だったかしら？って頭がごっちゃになるの」

私は田辺さんの悩みを解決してあげたくて考えました。

私「水谷豊で覚えたら？」

田辺さん「水谷豊？」

私「左右がわからなくなった時、お箸持つほうが右！　みたいのあるから、その台詞の時に水谷豊を思い浮かべるようにして、あ！　豊のほうが正解って覚えたらどうだろう」

田辺さん「いける!!　ありがとう!!」

田辺さんの口から「いける」の言葉が聞けたので、私は安心して眠ることができました。

ライブ当日。

田辺さん「酒寄さんが考えてくれたの、水谷豊暗記法。これでばっちりよ！」

ネタ合わせの休憩中、田辺さんはあんりちゃんに得意げに話していました。

あんりちゃん「何ですか？　それ？」

田辺さん「ほら、私、感受性が豊かって台詞をどうしても好奇心旺盛って言っちゃってたじゃない？」

あんりちゃん「ああ！　ほぼ毎回間違えてましたね」

田辺さん「それを酒寄さんに相談したら『水谷豊で覚えな！』って、水谷豊を想像するようにしたらきっと言えるって考えてくれたの！」

あんりちゃん「それ大丈夫ですか？　田辺さん、そのまま水谷豊って言いそうじゃないですか？」

私はあんりちゃんの発言にはっとしました。

田辺さん「さすがに言わないわよ！　……いや、言うかもしれないね!!」

あんりちゃん「それ困りますよ!!　直前が私の台詞だから……『でもさ、そういう子って悪い子じゃないんだよ』」

田辺さん「『水谷豊だしね！』、やだ！　私言いそうだわ!!」

あんりちゃん「気をつけてくださいね！」

私「ごめん。私は危険なアドバイスをしてしまったのかもしれない」

あんりちゃん「いや、悪いのは田辺さんですから」

田辺さん「やだ！　不安が増えたんだけど!!」

田辺さんはそう言いながら暴れだしました。その振動に驚いたのか、コントの準備をしていたはるちゃんが顔を上げて言いました。

はるちゃん「そういえば、今日田辺さん、私服のボタン全部かけ違えてました！　可愛いー！　好きー！」

田辺さん「あっち行って!!」

あんりちゃん「今日、本当に大丈夫ですか?」

田辺さん「昔、古畑任三郎が言ってたのよ……」

田辺さんは突然、ドラマの古畑任三郎の名前を出してきました。

あんりちゃん「古畑任三郎がどうしたんですか?」

田辺さん「ボタンは下から留めろってさ、そうするとかけ違えることがなくなるって。古畑任三郎は言ってくれていたのに、私はそれを忘れてさ、馬鹿だよ!　でも、もう気をつけるよ!　古畑任三郎のために!」

はるちゃん「私、トイレ行ってきますね!」

あんりちゃん「私、トイレ行きます!」

田辺さん「え、じゃあ私もトイレ行こうかしら!」

3人は仲良くトイレに向かいました。

その後も4人でネタ合わせをし、リハーサルの時間になったので舞台に向かうことになりました。

人数の関係でエレベーターにみんなで乗ることができなかったので、次のエレベーター待ちのために、はるちゃんと私は2人きりになりました。

私「はるちゃん、今回全部新ネタにプラスでピンネタまで作って覚えてて、大変だったんじゃない？」

はるちゃんだけ、3人と4人のネタにプラスして新しいピンネタも披露するのです。

はるちゃん「いや、それなんですけど、昨日までは別に大丈夫だったんです」

私「あ、当日は緊張する？」

はるちゃん「いや！　今日気づいたんです！　私だけ覚えるネタがみんなより1つ多いってことに！」

はるちゃんは、当日までその事実に気がついていなかったそうです。

はるちゃん「なんか、めちゃくちゃギャグやることになってました！」

確かに、今回の単独ライブではるちゃんのギャグ数を、それぞれの漫才、コント、ピンでどれだけやるかを、何も考えずにネタを作った結果、はるちゃんは常にギャグをやる人になっていました。

私「ごめん！　はるちゃんがピンネタでギャグやること考えずに、ギャグやる場所入れまくってしまった！　ギャグ足りた？」

はるちゃん「大丈夫です！　それにもしもの時も考えてあります！」

私「もしもの時は？」

はるちゃん「その時頭の中に浮かんだものをその場で形にして出します!」

それを聞いて私は、

(昔、路上で自作のポエムを売っていた人が同じようなことを言っていたな)

と、思い出しました。

それからリハーサルが始まり、とくに問題もなく進みました。

あんりちゃん「そういえば田辺さん、オートミール続いてるんですか?」

はるちゃんは、ピンネタのリハーサルがあるので、その間、残りの3人は裏で話をしながら待っていました。

田辺さん「まぁね。昨日もオートミールお好み焼き作ったわ。あれはね、形成が難しいよ!!」

あんりちゃん「田辺さん、たぶんオートミール業界で一番太ってますよ」

田辺さん「やだ!　ウケる!」

あんりちゃん「私はしっかり太るもの食べて太ってます」

田辺さん「それが理想よね〜」

あんりちゃん「そうだ!　今回誰が一番ミスするか記録しておきましょう!」

あんりちゃんが面白いことを提案しました。

田辺さん「やめな!!　そういうのよくないよ!!」

あんりちゃん「田辺さん、さっき今日調子良いとか言ってたじゃないですか」

田辺さん「あのね、調子良いとか、そういうこと言う奴はミスるんだよ!!」

あんりちゃん「何か、田辺さんをずっと見ているので、その理論わかる気がします」

そう言ってあんりちゃんはホワイトボードに名前を書き始めました。

あんりちゃん「えーと、あんり、酒寄、はるか、あん……あ、あんりが2人いる」

田辺さん「へへへっ、あんりが2人でいいよ」

あんりちゃん「田辺さんをフルネームで書いておきます」

私「さあ、誰が一番ミスするか」

田辺さん「やめましょうよ!　こういうのやると本当にミスするから!!」

そしてライブ本番。
4人漫才の時、事件は起こりました。

あんりちゃん「えーっと、あ、何だっけ?　待って、何だっけ?　私の

台詞?　えーっと」

まさかのあんりちゃんがネタをど忘れしました。あんりちゃんのピンチに、幼馴染のはるちゃんがすぐに助け舟を出そうとします。

はるちゃん「あんり!!　あんりの台詞はあれだよ!!　あれ!!」

あんりちゃん「あれ!?」

はるちゃん「あれだよ!!　あれ!!」

あんりちゃん「だから、何だよ!!　あれって!!」

はるちゃん「あれだよー!!」

あんりちゃん「酒寄さん、助けてください!!」

私に向かって助けを求めるあんりちゃんの後ろで、田辺さんがトーテムポールの下から2番目みたいな顔で私を見ていました。

そして本番終了後。

田辺さん「だから、ああいうことはしちゃダメなの!!　本当にミスするから!!」

そう言いながら、私服に着替えていた田辺さんはボタンを全部かけ違えてました。

あんりちゃん「本当に、今日は反省してます。今後、気をつけます……」

はるちゃん「あんり！　リュックサック忘れてるよ!!」

あんりちゃんはなぜか手ぶらで帰ろうとして、今度こそ幼馴染のはるちゃんに助けられてました。

ぼる塾知恵袋

私は、普段、あんりちゃん、はるちゃん、田辺さんのおふざけな部分ばかりを書いていますが、3人には暮らしの達人のような部分もあります。

今回は、そんな3人から学んだお役立ち情報を紹介したいと思います。

あわよくば、読んだ皆さんが、

（酒寄さんって、いつも中身のない話ばっかり書いてるけど、こんな役に立つ内容も書けるんだ！　よし！　膝打っちゃおう！）

と、膝を打ってくれたらうれしいです。

早速、あんりちゃんから学んだお役立ち情報を紹介したいと思います。

あんりちゃんはネタは書けるし、ツッコミ上手でパフォーマーとしても完璧。なおかつ、ご両親から受け継いだヤンキー魂でとても仲間思い。しかも料理上手。まるで初めて小説を書いた人が生み出した、めちゃくちゃ理想を詰め込みすぎたヒロインみたいなハイスペックです。

あんりちゃん「すみません、酒寄さん。ちょっと聞きたいことがあるんですけど」

ある日、まだしんぼるだった頃のあんりちゃんが私に話しかけてきました。それまで私とあんりちゃんは、挨拶以外できちんと会話したことはありませんでした。私は人と話すのが苦手な上に、面白い後輩は「なんか怖い」という勝手な偏見を持っているので、あんりちゃんにもびびっていました（田辺さんはもうしんぼる2人と仲良くなっていて、「良い子だよ。2人とも回転寿司が好きだよ」と私に教えてくれていました）。

私「どうしたの？」

質問しようとしてくれているあんりちゃんにいきなり「回転寿司好きなんだって？」と聞くのも変かと思い、私はここぞという時に使おうと思い、回転寿司が好きという情報を持っていることはまだ伏せておくことにしました。

あんりちゃん「あの、猫塾さんが単独ライブやった時のこと聞きたいんですけど」

私「しんぼるも単独ライブ考えてるの？」

あんりちゃん「はい！　いつかやりたいなと思っていて」

私「面白いから絶対できるよ！」

あんりちゃん「ありがとうございます。でもお客さん集まるかとか、いろいろ心配で……」

あんりちゃんはいろいろなことを質問してくれて、私は答えました。あんりちゃんは、話してみるととても親しみやすくて、話すのが苦手な私も気がついたらすらすら話していました。

あんりちゃん「いろいろ教えてれてありがとうございます！」

私「しんぼるの単独ライブ、楽しみにしてる！」

あんりちゃん「はい！　でも単独もしたいけど、いつか猫塾さんとも一緒にやりたいです！」

私「楽しそうだね！」

この時、あんりちゃんがふわっと発したひと言が、その後、「一緒に主催ライブやってくれませんか？」と正式にあんりちゃんにお願いされて、ぼる塾結成のライブになるとはこの時思いもしませんでした。

あんりちゃん「あの、酒寄さん」

私「ん、まだ何か聞きたいことある？」

あんりちゃん「誕生日プレゼントに贈るのに、めちゃくちゃ良いものって何か知ってますか？」

お笑いの相談かと思ったら、あんりちゃんは突然、話題を変えてきました。あんりちゃんはとても真面目な表情をしていました。

私「え、……わからない」

あんりちゃん「それは、ちょっと良いレトルトカレーです」

あんりちゃんは続けました。

あんりちゃん「自分で買うのはちょっともったいないって思う値段のレトルトカレーを何個かセットにして贈ると、とても喜ばれます。このプレゼントなら相手との距離感関係なく、親友から最近仲良くなったばかりの人まで選ばずに喜ばれます。カレーを嫌いな人はそんなにいないと思うので、本当にオススメの誕生日プレゼントです」

私「なるほど、そう聞くと素晴らしいプレゼントだね」

あんりちゃん「カレーが嫌いな人は、自分が少数であることがわかっているので、聞かなくても向こうからあらかじめ教えてくれることが多いんですよ。まあ、万が一、カレーが嫌いな人だった時、ちょっと良いレトルトカレーなら、その人も横流ししやすいですしね！」

私「あんりちゃんは天才だね」

あんりちゃん「いえ、ただのカレー好きです。ぜひ、酒寄さんも贈り物に困ったら、ちょっと良いレトルトカレーを試してみてください」

私が「わかった、試してみるね」と頷くと、あんりちゃんは「ぜひ」と言って去っていきました。

そう、あんりちゃんから教わったお役立ち情報、それは

プレゼントにはちょっと良いレトルトカレー

私はこの話を聞いてから、人の誕生日プレゼントにはちょっと良いレトルトカレーを贈るようになりました。あんりちゃんからこの話を聞いたことを忘れて、あんりちゃん本人にもちょっと良いレトルトカレー詰め合わ

せを贈ったこともありました。あんりちゃんも私に話したことを忘れて、「酒寄さん、めちゃくちゃプレゼントのセンスあるな」と思ったそうです。

皆さんもぜひ！　プレゼントにはちょっと良いレトルトカレー！

※これを書いた後にあんりちゃんに、「こんなことあったよね！」と確認したところ、

あんりちゃん「いや、酒寄さんが『あんまり親しくない人にあげるプレゼントでオススメある？』と聞いてきたので、私は『レトルトカレーですかね』と答えたはずです」

と言われました。もし、そちらが正解なら、私は後輩に対して変な質問をしていたことになるので、たぶん、あんりちゃんが間違えてるのだと思います。

さて、続いては田辺さんから学んだお役立ち情報を紹介したいと思います。

田辺さんは食のエキスパートです。スイーツのイメージが強いかもしれませんが、実はしょっぱいものにも強く、ポテトを語らせたら、気づくと１時間経っていたこともありました。

しかし、私が今回紹介する田辺さんから学んだお役立ち情報は、食べ物ではありません。田辺さんは人を使うエキスパートでもあるのです。以前、こんなことがありました。

あんりちゃん「酒寄さん、聞いてくださいよ！　私たち３人、最近引っ越したじゃないですか」

ある日、4人で久しぶりに集まった時にあんりちゃんが話し始めました。その時はちょうどはるちゃんと田辺さんがルームシェアを始めて、あんりちゃんも実家から出たばかりの頃でした。

あんりちゃん「私も引っ越したばかりなのに、田辺さん、めちゃくちゃ洗濯物のことで私に連絡よこしてくるんです！　これはこうやって洗っていいのか？　とか、この服ってネット必要？　とか！　私も実家を出たばかりなのに！」

田辺さん「だってー！　わからないんだもの」

あんりちゃん「私のこと洋服のタグだと思ってませんか？」

私は田辺さんからネタの相談やアンケートの答えなどで相談を受けていますが、洗濯物のことで相談は受けたことがありませんでした。私はそのことを何げなく田辺さんに聞いてみました。

私「田辺さん、そういえば私にはそういう相談しないね」

田辺さん「ああ、私はね！　相談内容によって人を使い分けてるの！」

あんりちゃん「え、私は洗濯物要員ってことですか？」

田辺さん「違うわよ！　あんりは生活部門！　酒寄さんはお笑い部門と田辺部門担当よ！」

田辺部門とは、田辺さんもわからない田辺さんのことについてだそうです。

私「私は、生活では頼りないってこと？」

田辺さん「違うわよ！　人には得意不得意ジャンルがあるでしょ！　たまに『なんでこんなに真剣に相談してるのに、ちゃんと答えてくれないの!?』ってなっている人がいるけど、それは相談する人を間違えてるのよ！　全部を超仲良しの一人に相談するんじゃなくて、そのジャンルが得意な人に相談したらいいの！」

私「ってことは、やっぱり私は生活では頼りないってこと？」

田辺さん「そうなるね！　だって酒寄さんって、えりがヨレヨレの服よく着てるから、洗濯が苦手なんだろうなってずっと思ってたの！」

この時は、ちくしょう!!　となりましたが、実際に相談内容によって相手を変えるようにしたら、ものすごくスムーズに悩み事が解決するようになりました。

例えばですが、

ネタのオチのことなら、田辺さんではなくあんりちゃんに、

クレヨンしんちゃんの映画オリジナルキャラクターのことなら、田辺さんではなくはるちゃんに、

パスタに入れるキャベツの茹で時間なら、田辺さんに！

これなら自分だけではなく、相手側のメンタルにも良いことがわかりました。だってあまり詳しくないジャンルを相談されて、それでも自分なりの

アドバイスをしたのに「なんかそれは違う」なんて否定されたら嫌ですものね（急に語尾がお嬢様になってしまいました）。

そういえば、以前読んだ松岡修造さんの悩み相談で、「彼氏が結婚してくれません。どうすればいいですか？」という内容に、松岡修造さんは

「僕じゃなくて彼氏に相談しましょう！」

と、ベストアンサーを出していました（記憶が違ったらすみません）。まさにその通りだと思います。

田辺さんからのお役立ち情報、それは、

相談する内容によって相談する人を使い分けよう！

さて、最後ははるちゃんから学んだ大切なことを紹介したいと思います。

はるちゃんは、とにかくどこでもお尻を振ります。私がはるちゃんから教わったことは、まさにそれです。

堂々とお尻を振る！

私は息子と一緒に近所の児童館がやってくれている幼児向けのクラスに行っているのですが、そこでは親子でダンスを踊ったりする時間があります。

子供たちは、関係ない時は大はしゃぎですが、ダンスになると急にもじもじしだして、実際はほぼお母さんたちが全力で踊る時間になっています。子供向けのダンスなので、ひたすらお尻を振る歌などもあります。

以前の私だったら、こんな時「人前でお尻を振るなんて恥ずかしい……」と、なっていました。しかし、今は違います。私は駅のホームで、はるちゃんが

「田辺さーん、お尻ぶっりぶりー！」

と、田辺さんに向かってお尻を振りながら突進した時のことを思い出します。

田辺さん「やめな！」

はるちゃん「やめなーい！　ぶりぶりー！」

田辺さん「あんた、ここ駅よ!!」

はるちゃん「ぶりぶりー！　田辺さんはでぶでぶー！」

田辺さん「あっち行って!!」

あんりちゃん「はるちゃん、あんた一人だけ一番端っこのホームで待ちな!!」

はるちゃん「やだー!!」

あんりちゃん「じゃあ田辺さんも連れてっていいから!!」

田辺さん「なんでよ!!」

あの時の堂々としたはるちゃんのお尻振りを思い出しながら踊ると、まる

ではるちゃんが憑依したようにお尻を振れるのです。

（あの時のはるちゃんは、ストリート尻振りダンサーで、楽しそうに踊っていた。今の私は、お尻を振るための曲を用意されて、踊るための場所まで提供されているのに、何を恥ずかしがっている!!　私は贅沢者だ!!）

ちなみに息子は全くお尻を振りません。はるちゃんからのお役立ち情報！

堂々とお尻を振る！

（実際に大の大人がお尻を振る機会はあまりないと思いますが、何か羞恥心を捨てないとできないような事柄に直面した時、ぼる塾のメンバーの半分は堂々とお尻を振ってることを思い出してください。勇気が出ませんか？　そうですか。出ませんか）

さて、皆さんの暮らしに役立つ情報は手に入ったでしょうか？

「酒寄さんからのお役立ち情報は何もないのか」

と、言われてしまうかもしれませんので、私も皆さんのお役に立てるような情報を1つ。

面倒くさいことややりたくないことがある時、エンヤをBGMでかけてみてください。エンヤの曲が流れていると、あらゆることが神聖な儀式みたいになります。ぜひお試しあれ！

CHAPTER

2

あんりちゃん編

ぼる塾の真ん中

もつ煮丼のテイクアウトを待っていた時のことです。あんりちゃんに

「酒寄さん、麻婆豆腐ってどうやって食べますか？」

と聞かれました。「……スプーン？」と言うと、

「いえ、麻婆豆腐をご飯にかけて食べますか？　それとも別々のままで
食べますか？」

どっちだったか思い出そうとしていたら田辺さんが、「酒寄さんは私と同
じ別々派よ」と答えてくれました。あんりちゃんは「あ〜そうなんです
か！」と悔しそうだったので、何かあるのか聞いてみると、

あんりちゃん「つい最近、田辺さんと麻婆豆腐をどうやって食べるか話し
ていて、ご飯にかけるのは少数派だって田辺さんに言われたんですよ！」

田辺さん「ほら！　酒寄さんも別々派だから、やっぱりあんりは少数派
よ！」

私「よく、私が別々に食べていたとか覚えてるね」

田辺さん「私たち何度も、麻婆豆腐と共に過ごしてきたからね」

私「でもこの３人の中で少数派なだけで、麻婆豆腐をご飯にかける人のほうが多いかもよ」

田辺さん「でもこの３人の中ではあんりは少数派よ!!　いーっひっひ!!」

田辺さんがもつ煮丼を持ちながら踊りだしたので、「大人げないよ」と注意すると、あんりちゃんは「いいんです。田辺さんが大人げないのは常にですから」と言って、話し始めました。

「私、麻婆豆腐ってご飯にかけるのが当たり前だと思っていたんです。家で作る時とか最初からご飯にかけて盛り付けちゃうし。でも人によって違うんですよね。将来旦那さんに麻婆豆腐を作ったら、最初にご飯にかけるか別々に盛るか聞こうと思います！」

あんりちゃんのその言葉を聞いて、昔田辺さんが「あんりの言葉はたまに心をスキニーパンツのように締め付けてくるの」と言っていたことを思い出しました。

「そうだ！　酒寄さん！　ちょっと聞いてくださいよ！」

と、あんりちゃんはまた話し始めました。

「この前、家でカップヌードルのカレー食べていたんですよ。そうしたら家族が『これも食べなよ』ってカレーライス出してきたんです！　いや、カップヌードルカレー食べながらカレーライスって！」

めちゃくちゃカレーだね!!　って言おうとしたらあんりちゃんは

「幸せすぎましたね！」
って言って、あ、あんりちゃん超好きってなりました（はるちゃんはずっとトイレに行ってました）。

あんりちゃんの説得力

はるちゃんが飲み物を買うのを待っていた時のことです。私とあんりちゃんと田辺さんは店の外にいたのですが、

田辺さん「あら、あれ可愛いわ」

田辺さんは向かいのお店にあったカバンが気になったらしく、ふらっとそっちに歩いていきました。カバンが置いてあるのは店の前なので、田辺さんが商品を見ている姿が見えます。

あんりちゃん「酒寄さんに絶対話そうと思っていたことがあって！」

私とあんりちゃんはその場で話しながらはるちゃんと田辺さんを待つことにしました。あんりちゃんは、先輩芸人のすゑひろがりずさんが2人とも弁当を食べるスピードがめちゃくちゃ速いことを教えてくれました。

あんりちゃん「……酒寄さん、ちょっと見てください！」

突然、あんりちゃんが田辺さんのほうを指さしました。そちらを向くと、田辺さんが周りを見回していました。あんりちゃんが言いました。

あんりちゃん「田辺さんって、今みたいに自分だけお店を見ていて、私とはるちゃんが遠くで待っている時とか、ああやって見回して私たちが移

動していないか、置いてかれてないか確認するんですよね。ちょっと時間
経ったらまたやりますよ」

数分待ってみると、やはり田辺さんはまた周りをきょろきょろ見回しまし
た。それを見てあんりちゃんが田辺さんの保護者みたいに「ふふふ」と笑
いました。

あんりちゃん「田辺さんやっぱり周り見てますね」

私「本当だ。あ、田辺さんがこっち見てる」

見守るあんりちゃんも相まって、田辺さんのその姿は子供みたいに見えま
した。

私（公園で子供が遊んでて、親がちゃんといるか急に不安になって確認し
ている様子に見える）

そう思うと、なんだか微笑ましくなりました。あんりちゃんが言いました。

あんりちゃん「あの田辺さんって、なんか万引犯みたいですよね」

そこに買い物が終わったはるちゃんが田辺さんに合流して、２人でカバ
ンを見始めました。あんりちゃんが言いました。

あんりちゃん「共犯者が来ましたよ」

もう２人が万引犯と共犯者にしか見えなくなりました（もちろん２人と
も万引はしていません）。

ヨーグルトの看板

あんりちゃんにある報告を受けた時の話です。

「酒寄さん、ちょっと聞いてくださいよ！」

あんりちゃんは漫才の入りみたいに話し始めました。

「ぼる塾でありがたいことに、たくさんテレビに出させてもらえるように
なったじゃないですか」

私も3人をテレビで見るのを楽しみにしている一人です。でも、テレビ
に出ることで生まれる悩みがあるのかな？　と思いました。

あんりちゃん「収録で夜遅くなったりするとタクシーで帰らせてもらえる
んですよ」

私「うんうん」

あんりちゃん「タクシーの運転手さんが違う時でも、テレビ局が同じ時は、
帰り道同じ所を通るんです」

私「うんうん」

あんりちゃん「ある日の帰り道、田辺さんとタクシーに乗っていたら、田辺さんが『あんり！　あの看板見える？』ってヨーグルトの看板を指差したんです」

そのヨーグルトの看板は、あんりちゃんもいつも見ている看板なのですぐにわかったそうです。田辺さんはその看板を指さしながらあんりちゃんに、

『私ね、あのヨーグルトの看板を見ると、あー、今日も無事にお仕事終わったな。帰ってきたなーって思うのよね』

と言ったそうです。

「なんか、その時の田辺さんの横顔が珍しくかっこよくて、私、田辺さんに『働く大人の女性って感じです』って言ったんですよ」

私は話を聞きながら、田辺さんがかっこいいことなんてあるんだと思っていると、

「その日から田辺さん、その台詞が気に入ったのか、タクシーでそのヨーグルトの看板の前通るたんびに、全く同じ台詞言ってくるんです!!」

そう言ってあんりちゃんは、拳を作って震わせました。

「仕事が終わったのはわかった！　私も働いてたんだから！　帰ってきたのもわかった！　帰り道だから!!って言ってるのに必ず言ってくるんです!!　もう！　何なんですかね？」

あんりちゃんに「酒寄さんからも田辺さんに言ってください！」と言わ

れたので、田辺さんに直接

「あんりちゃんに、ヨーグルトの看板で毎回同じこと言うのって、どういう気持ちで言ってるの？」

と聞いたら

「え？　そんなの、あー、帰ってきたなーって気持ちよ」

って言われました。

わからない

ある日あんりちゃんから「酒寄さん聞いてくださいよ！」と連絡がきました。田辺さんのことかな？　と思いました。あんりちゃんは言いました。

「田辺さんのことなんですけど」

田辺さんのことでした。

「田辺さんが『私のことは酒寄さんに聞いたほうが早いわよ』って、よく言ってるじゃないですか」

確かに田辺さんに「英語で自己紹介したいんだけど、まず日本語で私の自己紹介の内容を考えてくれないかしら？」と意味不明なお願いをされたことがあります。

「田辺さん、本当に自分のことわからないみたいなんです。この前田辺さんが『あー、会いたいな』って言い出したから『誰にですか？』って聞いたら、『わからないわ』って言われたんです」

田辺さんは珍しく、自分探しの旅をしたほうがいい人なのかもしれません。

あんりちゃん「田辺さん、大丈夫ですかね？」

私「たぶん大丈夫だよ！　田辺さんの場合、会いたいって台詞を言いたいだけの可能性もあるから」

あんりちゃん「確かに田辺さんならそれありますね！　あ、あと田辺さんでもう一つあって！」

あんりちゃんは続けました。

「さっきの話と同じ日なんですけど、仕事の待ち時間に私が『結婚したいなあ！』と呟いたら、田辺さんが

『あんた、すごいね』

って言ってきたんです。私が『何がですか？』と尋ねたら

『スポットライト浴びてしまったらもう戻れないよ！　私は戻れなくなったからね』って言ってきたんです。

田辺さんって、いつスポットライト浴びてるんですか？　私にはわかりません」

田辺さん効果か、あんりちゃんもわからなくなっていました。考えた結果、わんこ蕎麦で店中から注目された話は聞いたことがあると答えたら、

「なるほど！　ありがとうございます！」

と、あんりちゃんに感謝の無駄遣いをさせてしまいました。その後、田辺さんに連絡し、スポットライトいつ浴びてるの？　と聞いたら

「私は毎日よ!!　でも『よしもとスパイス』のユニットコントで公園で鳩に餌やってる役の時、一番スポットライト浴びたな！って思ったわ！」

って言われました。全然違いました。

憧れの軍団

「あんり軍団がうらやましい」

ある日、田辺さんからそう連絡が入りました。あんりちゃんには軍団があります。メンバーは後輩のナイチンゲールダンスのなかるてぃん君と令和ロマンのくるま君です。

何かあったのか聞くと田辺さんは、「この間、あんり軍団とご飯に行ったんだけどさ！」と話し始めました。

「食後にふた口くらいで飲み終わるヨーグルトドリンクがついてきたの。私はふた口に分けて飲んだけど、あんり軍団はみんなひと口で一気に飲んでたのよ！　盃を交わしてるみたいだった！　あれはうらやましいわ！」

どこをうらやましがってるんだろうと思っていると田辺さんが

「私も軍団が欲しくなった」

と言い出しました。田辺軍団を作ったら何をやりたいか聞くと

「やっぱりアフタヌーンティーね！」

と言ってきました。

「そしてヨーグルトドリンクみたいに、軍団全員で紅茶を一気に飲み干したいね！」

私は驚きました。普段の田辺さんだったらここで「アフタヌーンティーでゆっくり紅茶を飲みながら、優雅におしゃべりを楽しみたい」とか言って、

私が「いや！ ヨーグルトドリンク一気飲み、全然憧れてないじゃん！」と言って「あっはっは」と笑い合うような展開になるからです。

私はそのまま田辺さんに言いました。

「え！ 田辺さんが『アフタヌーンティーでゆっくり紅茶を飲みながら優雅におしゃべりを楽しみたい』って言って、私が『いや！ ヨーグルトドリンク一気飲み、全然憧れてないじゃん！』って展開かと思ったよ！ 本当にあんり軍団全員で一気飲みしてた姿に憧れてるんだね！」

「本当にって何よ！ 私はね！ 心の底から軍団で一気飲みに憧れてるのよ!!」

だとしたら、まずやりたいことがアフタヌーンティーは間違っているのでは？ と思いました。

「いや、田辺さんのことだからてきとーに言ってるのかと思った！」

「私がいつ、てきとーなこと言ったのよ！」

そう言われて私は、この前田辺さんから

「今年から『R-1グランプリ』芸歴10年以下は出られないらしいわよ！」

って言われたことを思い出しました（だとしたら田辺さん出られないよ）。
本当は芸歴10年以上が出られないルールです。

田辺軍団、いつかできるといいですね。

ちなみに最近のあんり軍団は、あんりちゃんが腰を痛めたときに腰痛に効
くエクササイズを教えてくれたそうです。素敵ですね。

ネタ作り

はるちゃんと田辺さんがR-1グランプリ1回戦の日、あんりちゃんが「私、夕方から空いてるんですよね。」と教えてくれたので、オンラインでネタ作りをすることにしました。

私「あんりちゃん、お疲れ様！」

あんりちゃん「酒寄さん、お疲れ様です！」

コロナで3人になかなか会えないので、オンラインでも顔を見て話せるのはとてもうれしいです。

私「2人、今日1回戦なんだよね」

あんりちゃん「はい！　なんかこっちが緊張しますね」

私「田辺さんは前にも出たことあるけど、はるちゃんはR-1初めてだよね？」

あんりちゃん「そうなんですよ。だからはるちゃんに『大丈夫？』って聞いたら、『後は楽しむだけだ』とか、試合前のプロレスラーみたいなこと言ってました」

私「田辺さんは？」

あんりちゃん「田辺さんは田辺さんでした」

あんりちゃんは「でも２人とも、１人で舞台に立つの本当に偉いと思います。めちゃくちゃ怖いですよね」としみじみ言いました。私は「そうだよね。全部１人だから」と言うと、あんりちゃんは「よし！　こっちはこっちで頑張りましょう！　２人のために良いネタ作りましょう！」と言い、私は「うん！　良いネタ作ろう！」と気合を入れました。

あんりちゃん「あ！　そういえばこの前、食レポのお仕事させてもらったんですよ！」

私「おー！　やったね！」

あんりちゃん「田辺さんがいつも『食レポの仕事がきたら私に任せな』って言ってるから、私、田辺さんがいるの心強いって思っていたんです」

私「うんうん」

あんりちゃん「で、その食レポで田辺さん苺食べて『これは……』って言ってめちゃくちゃ溜めたんですよ。私、田辺さん一体何て言うんだろうって」

私「うんうん」

あんりちゃん「『これは…………甘い！』って、めちゃくちゃ普通のこと言ったんです!!」

私「任せなって言う人の感想じゃないね」

私も昔、田辺さんの溜めを経験したことがあります。田辺さんは「言おうかしら……いや、でも……」と、めちゃくちゃ溜めた後に「……私、体育座りができないの」。とてもどうでもいい報告をしてきました（田辺さんいわく、「体育座りを考えた人間は、太っている人のことを考えていない」）。

あんりちゃん「あと、『口の中が渇いて声が出ない』って言ってました」

私「田辺さん！　食レポなのに！」

　　　　　　　　　　　　・

あんりちゃんと盛り上がっていると、私と同じ部屋で遊んでいた息子が「ぐんま！　ぐんま！」と興味を示してきました（息子は田辺さんのことはママと呼ぶのに、私のことは『ぐんま』と呼びます）。※そして、この後成長した息子は田辺さんと決裂するので、2人にとって短い仲良し期間だった時です。切ないですね。

私「息子があんりちゃんに会いたいみたいで、いいかな？」

あんりちゃん「もちろん大丈夫ですよ！　みたらしちゃん！」

パソコンの前に息子を連れてくるとあんりちゃんは、「みたらしちゃん！元気？」と笑顔で話しかけてくれました。息子は少し恥ずかしいのか、にやにやしているばかりです。

　　・

私「ごめん。なんか恥ずかしがって」

あんりちゃん「大丈夫ですよ。みたらしちゃーん！」

私「そういえば前に、息子があんりちゃんのことアンパンマンって言ったことあったじゃない」

あんりちゃん「あれは忘れませんよ！」

私「実は、あの時初めてアンパンマンって単語話したんだよね」

あんりちゃん「え、私アンパンマンより先にアンパンマンって言われたんですか？　なんだかアンパンマンに悪いですね」

パソコンの画面の向こうであんりちゃんが、本家のアンパンマンに気を使っているのがわかります。「みたらしちゃん！　私は偽者だからね！」と、あんりちゃんはなりたくてなったわけではないのに、自分が偽アンパンマンであるアピールまでしてくれました。

あんりちゃん「酒寄さん」

私「あんりちゃん、どうしたの？」

あんりちゃん「私、みたらしちゃんが大きくなる前に話したかったことがあるんですよ！」

私「え、なんだろう？　あんりちゃんのお話聞こうね」

私は息子に言いました。あんりちゃんは「みたらしちゃん」と、とても優しい声で話し始めました。

あんりちゃん「芋を野菜だと思っちゃいけないよ。芋は野菜だから大量に

食べても大丈夫って思っていると、すっごく太るからね。だから芋は野菜
と思わず芋と思って、食べすぎ注意だよ」

私が「あんりちゃん、それ」と言おうとすると、最後まで言わせずにあん
りちゃんは

「そうです。私の経験談です」

って言ってました。あんりちゃんとのネタ作りは楽しいです。

あんりちゃんも愉快な仲間たち

ネタ作りのために４人で集まった時のことです。

「いやー、この２人が一緒に暮らしているなんて不思議ですね」

台所に並んで家事をしているはるちゃんと田辺さんの背中を見て、あんりちゃんが言いました。今日ははるちゃんと田辺さんの家にお邪魔しています。

私「本当にびっくりだよね」

あんりちゃん「２人が一緒に暮らしてるの見ると、私、感動しちゃうんですよね」

あんりちゃんは買ってきたものを冷蔵庫にしまっているはるちゃんを見て、

「あ、はるちゃん、冷蔵庫開けてる！　偉い！」

「はるちゃん、卵ちゃんとしまえるんだ!!」

不公平にならないように田辺さんにも、

「田辺さん動いてる!!　すごい!!」

と2人を褒めていました。田辺さんはすごいと言われて「やだ、うふふ」とうれしそうでした。はるちゃんはマイペースに作業を進めています。

はるちゃん「あ！　キムチある!!　私、間違えて買ってきちゃいました!!」

田辺さん「あら!!　私買っといたのよ!!」

はるちゃん「次から買う時は聞きますね！」

田辺さん「そーりー！」

あんりちゃん「うんうん、次はちゃんと2人で『キムチ買ってある？』って確認するようになって、こうやって成長していくんですね」

あんりちゃんの2人を見る目はお母さんになっていました。私は、あんりちゃんは2人にとってのお母さんだと思っています（私は2人のおばあさんです）。

「はるちゃんと田辺さん、なんだかんだ良いコンビだよね。2人の回のYouTube見てても思う」

と、私が言うとあんりちゃんは急に「うーん……」と頭を抱えてしまいました。

あんりちゃん「あの……実は私、はるちゃんと田辺さんの2人の回の動画って、ちゃんと見られないんです」

私が「え、なんで？」

あんりちゃん「……あの、ちょっと恥ずかしいんですけど……」

私は心の中で、

（あんりちゃん、２人とは同居したくないって言ってたけど、もしかして少し寂しいのかな？）

と思いました。だとしたら微笑ましいなと思っていると、あんりちゃんは言いました。

「ツッコミを入れたくなってしまうんです」

あんりちゃんは続けました。

あんりちゃん「何なんですか！　あの２人の動画!!　見てるとツッコミを入れたくて入れたくて仕方がないんです!!　だから一時停止してツッコミ入れちゃったりするんです!!　みんなどうやって穏やかにあの動画を見てるんですか!?」

私「そんな真剣にあれを見てるの、あんりちゃんだけだよ！　みんな、あの２人の動画はご飯食べながらとかゆるく見てると思うよ」

あんりちゃん「そうですよね。みんなは私みたいに見ながら
『なんでもいいから幸せになれよ！』
とか叫んでないですよね」

あんりちゃんの視線の先では、はるちゃんと田辺さんが台所で相撲をとっています。

「あんりちゃんも、もっと気楽にさ、2人の動画は作業しながらとか、ながら見したら？」

と、私は提案しました。するとあんりちゃんは

「ながら見……あ！　酒寄さん！　ながら見で思い出したんですけど！」

と何かを思い出したようでした。

あんりちゃん「私、3時のヒロインのかなでと一緒にインスタライブやってて、内容は真面目に恋バナをしてるんです」

あんりちゃんが以前「恋バナに笑いはいらない。人の恋を笑ってはいけない」と言っていたのを思い出しました。

あんりちゃん「この前、私についてくれたメイクさんが、その恋バナ配信を好きで見てるって言ってくれたんです」

私「わー、うれしいね！」

あんりちゃん「はい。ありがたいです。その人に『リアルタイムで見るのはなかなか難しいけど、残ったアーカイブで見てます。ながら見するのにすごく良くて』って言われたんです」

私「うんうん」

あんりちゃん「私、何の気なしに、『どんな作業しながらですか？』って聞いたらメイクさん、

『掃除機かけながら』って言ったんです!!　『お前、それ聞こえねーだろ!!』って、思わず言っちゃいました！」

そうツッコミを入れているあんりちゃんの顔はとても生き生きしていました。

あんりちゃんの料理教室

突然ですが、私は料理が苦手です。食べるのは好きなのですが、作るのは全くと言っていいほど才能がありません。

料理本などで書かれている作り方の通りにはなんとか作れるのですが、（私はカレーも箱の裏のレシピ通りに作ります）、レシピに適量などと書かれているとパニックになります。大さじ、小さじも全て書いてある通りに作るので、いきなり「ここで分量外の塩を入れ」などと書かれていると、おばけに遭遇した時みたいに（実際におばけに遭遇したことはありませんが）

私「きゃー!!」

と、思わず叫んでしまいます。私はシャイですが、料理に関してはめちゃくちゃ甘えん坊になれるので、分量外ではなく、ちゃんと材料のところに塩も（小さじ4分の1とかまで）書いてくれと思うのです。

「キムチ……お好きなだけ」などと書かれていても

私「え！ 豚肉は80グラムで固定なのに キムチだけフリースタイルっていいの？ キムチ10グラムと400グラムだと味変わらない!? ちゃんと決めてよ！ 従うから!!」

と、私は大変面倒くさいタイプの作り手なのです。あまりに適量オンパレードのレシピを見ると、

私「このレシピを書いたそこのお方！　まず、あなたがどんな人なのか
わからないので、あなたの言う適量がわかりません。私たち、お茶などし
て仲良くなって、あなたがどんな人なのかわかったら、あなたの言う適量
がわかるかもしれないから、まずあなたのことを教えてください。お友達
から始めませんか？　それか、あなたの普段作っている適量というもの
を一度数値化して、大さじ小さじで教えてくれませんか？」

となります。こんな自分が本当に嫌です。私だって冷蔵庫の中のものを見
て、

「これとこれとこれがあるから、ぱぱっと何か作ろう！」

と、料理を作れる人にとても憧れています。知り合いにそんな人がいた気
がします。

そうです。ぼる塾のあんりちゃんです。

あんりちゃんは料理を作りながら

「いっつも適当ですよー」

「大さじ小さじとかあんまりちゃんとしないですね。味見しながら調整し
ますね」

「あ、冷蔵庫にあるものでもう1品作りましょうか」

と、私が一度は言ってみたい台詞をよく言っています。その姿がめちゃく
ちゃかっこいいんです。そして作った料理もとても美味しい。私もあんり

ちゃんみたいに料理を作ってみたい。

理想の私「いっつも適当よ。今日は冷蔵庫にこれがあるから、あれしようかな」

はるちゃん「酒寄さん、すごーい!!」

理想の私「適量入れましょう。これも適量よ」

田辺さん「ばんざーい！　ばんざーい！」

私は考えました。私はぼる塾になってからあんりちゃんと一緒にネタ作りをしたり、相談に乗ったりと仲良くなり、あんりちゃんのことは少しは理解しているつもりです。つまり、あんりちゃんの言う「適量」なら、もしかしたらわかるかもしれない。あんりちゃんの感覚なら、もしかしたら私も掴めるかもしれないと思ったのです。

私はあんりちゃんに連絡を入れて、お願いをしてみました。

私「相談なんだけど。あんりちゃんが感覚で教えてくれたレシピを料理下手な私でも作れるか試してみたくて、時間がある時レシピを教えてくれないかな？　普段作っている通りで、分量とかはきっちりじゃなくて、『食べたい分だけ！』とか、いつも作っている通りでいいから！」

あんりちゃんは、「面白そうですね！　ぜひ！」と私向けのレシピを選んで送ってくれました。

【大根の葉っぱふりかけ】

私「お！　なんか美味しそうだし、これ作れたら料理慣れしてそうなレシピ！」

私は早速、作り方を読むことにしました。

"これは作り置きに最適なので、自分が用意できるだけ大根の葉っぱを用意してください！"

私「自分が用意できるだけの大根の葉っぱ……？」

頑張れば、店にある大根全部を買い占めるくらいはできると思いますが、そういうことなのでしょうか。でも、そうすると本体は絶対に食べきれない。

恥ずかしい話ですが、この時点で私はわからなくなり、あんりちゃんにヘルプをしました。

私「ごめん、用意できるだけってどれくらい？」

あんりちゃん「スーパーで一番葉がついている大根を選んでください！」

あんりちゃんは優しく教えてくれました。大根を買い占めなくてよかったです。続きを読みます。

"大根の葉っぱを細かく刻んで、フライパンに一番小さな円を作るイメージの量のごま油でしらすと一緒に葉がしんなりするくらい炒める"

私「しらすも必要なのか！　よかった！　買いに行く前に作り方見ておいて!!」

私はよく料理名だけ見て「茄子の味噌炒めか〜。美味しそう、これ作ろう！」と思って材料を買いに行って、

私「え!?　これピーマンもいるの!?　料理名に書いてなかったのに!!」

と、もう一度ピーマンを買いに行くというミスをします（大葉で一番多いミスです。大葉もタイトルに入れてあげてください!!）。レシピ通りにしか作れないので、材料にピーマンも書いてあったら、もうピーマンも入れないと私は作れないのです。

大根の葉っぱとしらす以外は家にある調味料で作れるので、私はその2つを買いに走りました。大根のコーナーに辿り着き、一番葉がついている大根を探します。

私「……なんか短い？　みんな美容院帰り？」

私は今まで葉っぱがついている大根を買ったことがなかったので、自分の想像ですが、その想像の大根より葉っぱの部分が短くカットされている気がしたのです。

私「何か違う気がする」

しかし、とりあえずその中で一番ロン毛の葉っぱを選び出し、しらすコーナーに行きました。

私「え、しらすって量多い」

大根の葉っぱに対して明らかにしらすの量が多すぎる気がしましたが、その中で一番量が少ないしらすを選び、家に戻りました。私は家に戻ってから、やっぱり何か間違っている気がして再びあんりちゃんに連絡を取りました。

私「これで合ってる？　何か間違っている気がして」

一緒に大根の写真をあんりちゃんに送ります。

あんりちゃん「それでもできます！　でも、もっと葉がふさふさのがいいですね！　ウド鈴木さんの髪型くらいと想像したらわかりやすいです！」

あんりちゃんはウド鈴木さんの髪型くらいの大根の葉っぱの写真を送ってくれました。私の買った大根は、葉っぱが明らかに短すぎました。

私「なんか短い気がしたんだよね!!　私がなんか違うなと思う時って、大抵間違ってるから!!」

あんりちゃんは、じゃあ買うなよと思ったと思いますが、そこは優しくスルーしてくれました。

私「でも買っちゃったから、とりあえずこの大根の葉っぱで作ってみようかな」

"大根の葉っぱを細かく刻んで、フライパンに一番小さな円を作るイメージの量のごま油でしらすと一緒に葉がしんなりするくらい炒める"

私は微々たる大根の葉っぱを細かく刻みました。

私「一番小さな円を作るイメージの量のごま油……」

私の中で一番小さな円が一円玉だったので一円玉くらいのごま油を入れて炒めました。

"ほんの少しのお酒と味見しながらしょう油とみりんを入れて、いい味になったら、火を止めて、白ゴマとかつお節を混ぜて、少し冷まして味馴染ませたら完成です！"

私「ほんの少しって、どれくらいだろう。スポイト1滴くらい？」

私は1滴落とすくらいのお酒を入れて、しょう油とみりんも一瞬傾けるくらい入れて、まず味見をしました。

私「やばい。爽やかなミントに消される」

私は料理をする直前に「味見が大事になってくるよね。わかりやすいように口の中をリセットしよう」と、歯を磨いたのが仇となって、逆に強いミントのせいで全然味がわからなくなってしまったのです。

私「いらんことした！　でも、歯磨き粉に消されるってことは味が足りないってことだよね？」

私はあんりちゃんがつけてくれた味付けのポイントを読みました。

"味見のポイントは、しょっぱくならない程度、後からかつお節という最

強のお出汁を入れることを想像しながらすることです！”

私「え!?　薄いほうがいいの？　じゃあこれくらいでいいのかな？」

迷っている間に、どんどんしらすがかさかさになっていきます。私はしょう油とみりんを少量ずつ足しながら味見をしました。

私「終わりが見えない！」

もたもたしていたら真っ茶色になってしまったので、慌てて火を止めて、白ゴマとかつお節を混ぜて、冷めるのを待ちました。かさかさになりすぎて、かつお節が全然混ざってくれません。

私「なんか見た目、ハムスターの寝床みたいなものを作ってしまった」

食べてみると、遠くのほうで美味しいが手を振っているような味でした。私は完成品を写真に撮ってあんりちゃんに送りました。

私「これで見た目合ってる？　なんか違う気がして。ごま油の小さな円って、一円玉くらいにしたんだけど……」

あんりちゃん「ごま油は五百円玉くらいで」

始まりから今のところ、全て間違えています。

あんりちゃん「かつお節にしょう油とみりんの味を染み込ませたほうがうまいです！　ほんの少しだけ汁気が残るくらいでかつお節を入れましょう！」

私「汁気があった時代がなかったんだけど、調味料少なすぎたかな？」

あんりちゃん「しょう油とみりんが少ないかもです。少し多めに入れて、汁気を残せばパサつかないかもです！

インスタント焼きそばのお湯を捨てたけど、ちょい残っちゃったな！くらいの汁気です！」

私「汁気って、スプーン1杯くらい？」

あんりちゃん「スプーン1杯くらいが残る程度がいいと思うので、汁気はスプーン2.5杯くらいですかね！」

私は自分で聞いておいてなんですが、スプーンってどの大きさのスプーンなんだろうと思いました。大さじで聞けばよかったと後悔しました。

私「かつお節の量はこれくらいで大丈夫？」

私の写真のかつお節は、もはや別の料理というくらい馴染んでいません。

あんりちゃん「量はこれくらいでいいと思いますが、もっと細かくちぎってもいいかもです」

私「なんか私の作ったやつ、ハムスターの寝床みたいよね」

私はずっと自分がそう思っていたので、あんりちゃんに伝えました。

あんりちゃん「完成品のイメージです」

あんりちゃんが送ってくれた写真は、とても緑が綺麗で美味しそうな、まさにご飯のお供って感じで、全くの別物でした。

私「全然違う！　え、やば!!」

あんりちゃんは声には出しませんでしたが、大根の葉っぱふりかけがハムスターの寝床になったのはあなたの作り方に問題があるのであって、本来はハムスターの寝床ではありませんよ、と伝えたかったのかもしれません。

私「ありがとう。完成品を見ると同じ食べ物とは思えないね」

あんりちゃん「すみません。次は先に完成品のイメージを送ってから、レシピも送りますね」

ゴールビジョンがわからず料理をすると、全く違うものができることもあるんだなと思いました。かっこよく言えば、ビーフシチューを作ろうとして肉じゃがができてしまったみたいな感じでしょうか。田辺さんっぽく言えば「はいでたー！　ちょっとドジな私ー！」という感じでしょうか。

私「大根の葉っぱふりかけリベンジする!!」

あんりちゃんに教わったので反省点はわかります。次回はこれに気をつければ、美味しくできるはずです。

・大根の葉っぱはウド鈴木さんの髪型くらいの長さ

・小さな円は五百円玉くらい

・汁気はスプーン2.5杯くらい

・かつお節は細かくちぎる

・作る前に歯磨きはしない

　皆さんもこのポイントに注意してぜひ作ってみてください。あと、不思議なのですが、ハムスターの寝床も次の日食べたらなぜかとても美味しかったです。ご飯が進みます（本当のハムスターの寝床を食べたわけではありませんよ。私が作った大根の葉っぱふりかけのことです）。

最後にあんりちゃんに「どうして美味しい料理が作れるの？」と聞いてみました。

あんりちゃん「それはね、食べるのが好きだからだよ。たくさんの味を自分に教えてあげてください」

私は田辺さんが勧めてくれたマレーシア料理を食べることから始めようと思います。

私の適量の旅は始まったばかり!!

酒寄さーん

適量で
いいですよ!

あんりの
超
感覚レシピ

料理イラスト／あんり

MENU 1

ある居酒屋風 サラダチキンの明太マヨ乗せ

材料

・自分の推しのサラダチキンのプレーンを食いたい量

　（いろんなスーパーやいろんなコンビニに売ってるから好み出るよね）

・洒落たスーパーに売ってる明太マヨネーズをかけたい量

・刻みのり（家にのりがある人はそれを刻みゃあいいよ）

作り方

1 サラダチキンを縦に4等分くらいに切る　（ささみくらいの大きさにしたい）

2 フライパンで自分の好きなくらいの焼き色をつける

3 焼いたサラダチキンに明太マヨをかけるというよりは乗せるイメージで、

　そして仕上げに刻みのり

鶏肉って火をしっかり通さなきゃいけないからめんどいけど、
サラダチキンを使えば焼き色をつけるだけだから簡単

作ってみた感想

まずサラダチキンを焼くということに驚きました。私の中でサラダ
チキンと言えば袋を開けて、冷えた状態の肉をちょっとずらしてそ
のまま千切るという存在だったのです。
そのまま食べられるのにわざわざ焼くなんてちょっと面倒だと思っ
たのですが、好みの焼き色をつけて明太マヨと刻みのりを乗せて
食べてみたら自分自身に「あなたの作るこれが毎日食べたい」
とプロポーズしてしまうほどの美味しいものが完成しました。み
んなサラダチキンは焼くべきです。焼いたために出てしまった後
片付けも、これを作ってくれた人（自分ですが）のためにフライ
パンを洗うのは「美味しいものを食べさせてくれた君に対するお
礼さ！」と鼻歌交じりでできました。

MENU 2　ピリ辛万能しょう油

材料

・細めの青唐辛子　自分の好みに合わせて
　瓶の大きさにもよる
・しょう油　瓶の大きさに合わせて
・瓶　１本。売ってる大きさで

作り方

1 青唐辛子を輪切りに刻む
　（私は目元がすぐ痒くなって触る癖があ
　るからビニール手袋してる）

2 しょう油を瓶に入れる（ジャムの空き
　瓶とかはおすすめしない。洗っても完全
　には落ちないから新しい瓶を購入したほ
　うがいい）

3 冷蔵庫で１日以上保管　辛みを染み込
　ませる

POINT

豆腐やチャーハン、焼き魚など
しょう油の代わりに使うと美味しい

作ってみた感想

私は辛いものが好きなので刻んだ青唐辛子も一緒に使って
チャーハンを作ったのですが美味しすぎてびっくりしました。ニラ
納豆チャーハンです。よかったら真似してください。
作業工程に対して美味しさレベルが高すぎて、昔やった仕事
内容のわりに給料がめちゃくちゃ良かった短期のアルバイトを思
い出しました。チャーハンを食べながら「え、良いの？大丈夫？
後からやっぱりじゃがいもの皮むきとか二度揚げとかない？」と
びくびくしましたが何もありませんでした。私はこのしょう油を
「時給の良い短期アルバイトしょう油」とこっそり呼ぼうと思います。

MENU 3　ガツンとしたい時の味噌汁

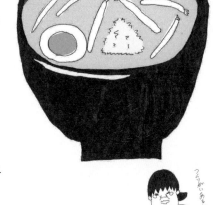

材料

・出汁入り味噌（私は白味噌派）適量

・もやし　唯一の野菜だから多め

・ニンニク
　　どのくらいガツンとしたいかによる

・卵　ひとり1個

作り方

1 水を沸騰させる

2 もやし茹でる

3 味噌をとく

4 すり下ろしたニンニクをいれる

5 卵を落として半熟の状態で火を止
　めて完成

POINT　田辺さんに振る舞ったとき、涙目で故郷の味だと
言ってもらえた味。田辺さんの故郷ってどこなんだろう

作ってみた感想

「どんぶりで飲みたいいいい!!!」と、叫ぶくらい美味しいです。
作るときニンニクを多く入れすぎてしまったかもしれないと思った
のですが玉子が包み込んでくれてちょうどよくなりました。この味
噌汁は風邪のときに飲んだら元気が出そうだし、ご飯を入れて
雑炊にしても美味しいと思います。私も飲んでいて母親の顔が
目に浮かびました。「こんな夜中にいきなり明日雑巾必要って
言われてもないわよ!!」記憶の母は怒っていました。田辺さん
の故郷は確か大阪だったと思います。すみません。それは男梅
の本社がある場所でした。

135

CHAPTER

3

はるちゃん編

はるちゃんは悪くない

「酒寄さん、修行です」

あんりちゃんと田辺さんにそう言われて、はるちゃんと2人きりにされました。ぼる塾の初単独ライブが決定し、8か月ぶりくらいにみんなに会えた直後です。

はるちゃん「酒寄さーん！　会いたかったー！」

なぜ修行と言うのか説明すると、はるちゃんはとても可愛い女の子なのですが、一緒にいると体当たりしながら

「ママー!!　おしりおしりおしりー!!」

と、絶叫したりするからです。しかし8か月あったので私もはるちゃん攻略法を準備していました。私は「はるちゃん、クレヨンしんちゃんの今回の映画どうだった？」と聞くと、はるちゃんは

「すごく良かったです!!」

と、うれしそうに話し始めました。はるちゃんはクレヨンしんちゃんが大好きです。私も好きなので、はるちゃんがずっとしんちゃんの話をしてくれたらお互い幸せになれると思いました。

「しんちゃんから見るとこうなんですけど〜」

はるちゃんのしんちゃん愛は強く、普段はおばかに思われがちなはるちゃんですが、登場人物の関係性やストーリー展開の考察もしっかりしていて、「考察すごいね！」って言ったら、「考察ってなんですか？」って返されました。

「すみません！　私ばっかり喋っちゃって！　単独ライブ楽しみですね！」

このままずっとはるちゃんのクレヨンしんちゃんトークを聞いていたかったのですが、はるちゃんが気を使って話題を変えてしまいました。

「酒寄さん！　単独ライブかましますか？」

難しい質問です。私はあまり話すのがうまくありません。

「今、４人のコント考えてるんだ。クーピーはるちゃん」

私は、たった今思いついたことをそのまま口にしていました。

はるちゃん「私だー！　うれしいー！」

私「あんりちゃんと田辺さんがダブルぶりぶりざえもんで、私はがりがりざえもん」

はるちゃん「どんな話ですか？」

私「４人で世界を救うの」

はるちゃん「世界を救うんですか！」

私「そう。あんりちゃんと田辺さんはすぐに裏切って、私はすぐ痩せたりする。はるちゃんにはたぶん、たくさん走ってもらうかな」

はるちゃん「面白そうですね！」

秒で忘れていいよって思っていると、呼ばれてあんりちゃんと田辺さんと作家さんと合流しました。しばらくみんなで単独ライブの話をしているとはるちゃんが、

「酒寄さんが４人のコント考えたんですよ!!」

と、張り切って発言してくれました。私が（はるちゃん黙って!!）と思っているとあんりちゃんが「へー！　どんなのですか？」と聞いてくれて、はるちゃんが説明しました。

「私が色鉛筆（？）で、あんりと田辺さんがぶりぶりざえもんで、酒寄さんがががりがりざえもんで、４人で世界を救うの!!」

作家さん「きりや、お前一体何言ってるんだ？」

この話はなかったことになり、すぐ違う話に移りました。それなのにはるちゃんは「いつかやりましょうね！」と言ってくれたので、いつかやりません。

はるちゃんのフラグ回収

『R-1グランプリ』という、ひとり芸ナンバーワンを決める大会が開催されている真っ只中のことです。R-1グランプリはピン芸人だけではなく、普段コンビなどで活動している芸人もエントリーできます。ぼる塾からは、はるちゃんと田辺さんがエントリーしました。とくにはるちゃんは気合が入っていて、

「優勝するんで」

「勝ちにいきます」

「私が時代を変える」

と、意気込みを語っていました。はるちゃんのR-11回戦の前日、はるちゃんからLINEが送られてきました。

（あ、はるちゃんからLINEだ……おお！）

そして、R-1の1回戦の当日。

私「あんりちゃん、お疲れ様！」

あんりちゃん「酒寄さん、お疲れ様です！」

偶然、はるちゃんと田辺さんのR-1の1回戦が同じ日だったので、夕方から仕事が休みになったあんりちゃんとオンラインでネタ作りをすることにしました。

あんりちゃんは夕方まで2人と仕事だったらしく、1回戦前のはるちゃんと田辺さんのコンディションを教えてくれました。

あんりちゃん「そうそう！　田辺さんがはるちゃんに『あんた、フリップめくる練習してる？』って聞いてたんですよ」

私「うんうん」

あんりちゃん「そしたらはるちゃんが『してない』って言って、田辺さんが『あんた！　フリップ芸してる人はみんなフリップめくる練習もしてるんだよ！　あんたフリップに折り目とかちゃんとつけてるの？』って聞いたら、はるちゃんが『してないです』って言って、
『ダメよ!!　あんたフリップ芸してる人、みんなめくりやすいように折り目つけてるよ!!』って、あの田辺さんがはるちゃんにお笑いのダメ出ししていました」

以前お笑いに関して、「酒寄さんの8年分の努力を利用して私は生きてるわ！」と言った田辺さんが、お笑いのダメ出しをするなんて！　と、私は驚きました。そして、私ははるちゃんがどんなネタをするのか知らなかったので、はるちゃんがピン芸でフリップを使うこともなんだか意外で驚きました。

　「はるちゃんがフリップって、意外だね」

私は思ったことをそのままあんりちゃんに伝えました。すると、あんりちゃんが

「え!?　はるちゃん、酒寄さんにネタの相談していないんですか?」

と、驚いて言ってきました。

私「うん。私、はるちゃんのR-1の相談乗ってないよ」

あんりちゃん「はるちゃん、私にネタの相談全然してこなかったんで、てっきり酒寄さんに相談してるのかと思ってました」

私「いや、私ノータッチだよ」

あんりちゃん「はるちゃんが、『あとは楽しむだけだ』って言っていたのが、本当に遊びに行ってるだけなんじゃないかって思ってきました」

私は、てっきりはるちゃんはあんりちゃんにネタの相談をしていると思っていました。

「はるちゃん、一応、仲の良い作家さんに相談していたみたいなんで大丈夫だとは思うんですけど」

あんりちゃんが心配そうな顔で言ってたので、私は昨日の夜あったことを伝えました。

「実は昨日の夜、はるちゃんから突然LINEがきてさ、

『酒寄さん見ててください!!　必ず決勝出ますので!!!』

って、それだけ」

それを聞いてあんりちゃんは言いました。

「……あの女、かっけーじゃん」

私たちは「大丈夫そうだね」と言い合いました。

そして夜になり、私は結果を確認しました。

「あ、今日のR-1の1回戦の結果出てる!!　あ!　田辺さんの名前ある!!
やった!!　受かってる!!
……あれ!?　はるちゃんの名前ないんだけど!!」

はるちゃんは1回戦敗退でした。

<u>ドラマチック</u>

ある日の夜遅く、はるちゃんから連絡がありました。

「酒寄さん！　夜遅くにすみません！　忘れないうちに報告しようと思って！」

はるちゃんの早く伝えないと！　と、急いでいる気持ちが伝わってきました。はるちゃんは続けました。

「今日、帰りに乗り換えするために駅降りてホーム歩いていたんです。そうしたら、先頭を歩いてた田辺さんが急に

『私のことはいいから先に行って!!!!』

って言い出して、私急すぎてえっ???　ってなって、田辺さんを見たんです。

「自動販売機でPASMOスッと出して、ヤクルト1000を買ってました！」

ヤクルト1000は簡単に説明すると、すごいヤクルトです（乳酸菌 シロタ株がヤクルト史上最高密度らしいです。詳しくはヤクルトのサイトで！）。

田辺さんはヤクルト1000を飲んでから悩んでいた不眠と疲労から解放されたらしく、とても信頼しています（※効果には個人差があります）。田辺さんが、

「すごいよ！　私、飲んだらぐっすりよ！　ノー夜更かし！」

と、何度も言いまくるので、私は田辺さんから深夜にLINEがきてると（ああ、今日は田辺さん、ヤクルト1000飲んでないんだな）。

と、田辺さんが、その日にヤクルト1000を飲んだかどうかわかるという、超どうでもいい能力を身につけました。

はるちゃん「きっと自動販売機見て、すぐにヤクルト1000を見つけて買わなきゃってなったんでしょうね」

私「すごくドラマチックにヤクルト1000買ってるね」

はるちゃん「俺のことは気にせずに先に行け！　みたいな映画に出てくるいい奴でした！」

私「死亡フラグ立ててヤクルト1000を買う女なんて、田辺さんしかいないよ」

はるちゃん「田辺さん、実家にいる時はヤクルト1000を定期購読していたみたいで、引っ越してからヤクルトないから瞬発力すごかったです！」

私は田辺さんがヤクルト1000を飲み物ではなく、読み物として使用していることは知りませんでした。はるちゃんは言いました。

「田辺さんはかっこいいです!!」

それを聞いて私は驚きました。

「え?　今の話のどこら辺が!?」

はるちゃんはしみじみと

「酒寄さんにも見てほしかったです。あの瞬発力はすごかったです!!
すごかったです!!」

と、"すごかった"を2回言いました。

私は、感じ方は人それぞれなんだなと思いました。

「田辺さんのヤクルトの買い方を、はるちゃんがかっこいいって言ってた
よ」

一応、褒め言葉だったので、はるちゃんが言っていたことをそのまま田辺
さんに伝えました。田辺さんは

「やっぱり、ふとした時にかっこよさって出ちゃうのね」

って言ってました。

はるちゃんに田辺論

ライブの打ち合わせが一段落し、ちょっと休憩しようってなった時のことです。はるちゃんが田辺さんに

「おばさん、チョコいる？」

と、言いました。田辺さんは「今はいいわ！　ありがとう！」と返しました。それを聞いていたあんりちゃんが「田辺さん！　今、おばさん言われてましたよ！」と言うと、田辺さんは「やだー！　あっはっは……本当！　……いーっひっひ
ダメよ!!」

途中で魔女を出現させて注意していました。あんりちゃんが「今、完全に受け入れてましたよ」と言うと、田辺さんは「違うのよ！」と言って、「おばさんって言う時は、おばさんをメインにしなさいよ！」と言い出しました。田辺さんにどういうことか聞くと、「今のはチョコとセットなのが良くないわよ！」と田辺論を語りだしました。

田辺さん「あのねえ！　チョコと一緒に言われるとチョコしか聞こえなくなるからおばさんが流れるのよ！」

私「おばさんが流れる？」

田辺さん「チョコに気持ちが持っていかれちゃうでしょ！　わー！　チョコだー!!って」

そう言って田辺さんはグミを食べ始めました。

田辺さん「それにね、私、本当に自分のことをおばさんだと思っていないから、言われたおばさんがまさか自分だと思わないのかしら、酒寄さん？」

私「いや、私に聞かれても」

田辺さんは、自分の意見を語っている途中で、突然、疑問系にして人に話を振ってくる時があります。

田辺さん「おばさんが入ってこないのよね」

あんりちゃん「もう、おばさん受け入れてるのかと思ってました」

田辺さん「違うわよ！　だから、おばさん使う時は、おばさん単独行動させて！　あと、なるべくおばさんは大きな声で言って!!　聞き逃しちゃうから!!」

あんりちゃん「いや、はるちゃんがおばさんって言わなければいいんじゃないですか」

田辺さん「そう!!」

あんりちゃん「本当に、まぁねって言わないですよね」

田辺さんが「はるちゃん！　田辺さんって言えば、私も絶対怒らないんだから、田辺さんって言って！」と言いました。はるちゃんが「わっかりましたー！　田辺さーん！　大好きー!!　チュッチュー!!」って言ったら田辺さんは

「うるさい小娘だね!!　あっち行きな!!」

って、めちゃくちゃキレてました。

田辺さんの奇跡、それを見たはるちゃん

ある日、はるちゃんから連絡がありました。

「酒寄さん！　そういえば今日ね、楽屋の隅で田辺さんが立ってたから『すみっこぐらし？』って聞いたら『でぶっこぐらし』って自分で言ってました！　珍しくないですか？」

私は、田辺さんがボケるなんて何かあったのかと思いました。はるちゃんがわざわざ報告してくれるくらい、田辺さんは普段ボケません。私は田辺さんに連絡しました。

「はるちゃんから聞いたよ！　ボケたんだって！」

「そうよ！　これは!!!　と思って、言ってやったね。でぶっこぐらし」

「手応えあった？」

「閃いた時、これは!!!って手応えはあったね！」

田辺さんは、自分がボケたことに興奮を抑えられないようで「はるちゃんは本当に貴重なシーンに立ち会ったね。ほんとあの子ラッキーだよ」と、まるでウミガメの産卵のように語っていました。

「珍しく頭に浮かんできたのよ!!　パッと!!　パッとよ!!　ほんとパッと!!」

この話題はこれ以上広がることはないと思った私は、ついでに出会ってからずっと気になっていたことを聞いてみました。

「田辺さんに聞きたいことがあるんだけど」

「あら何かしら？」

「田辺さんって普段全然ボケないよね。なんでボケないの？　いい女だから？」

すると田辺さんはすぐに答えてくれました。

「何も思い浮かばないからよ！」

ボケない理由の正しい回答だと思いました。私が「田辺さんがボケる貴重なシーンに立ち会いたかったな」と言ったら

「今後もうないと思うよ」

って言われました。

はるちゃんは田辺さんのボケを見た地球最後の人類なのかもしれません。なんだかかっこいいですね。

はるちゃんは悪なのか？

単独ライブのために4人で集まった時のことです。

その日は、はるちゃんに用事があったので、私とあんりちゃんと田辺さんは先に集まってネタ合わせをしていました。

あんりちゃん「じゃあ、はるちゃんの台詞は私が読むので合わせてみましょうか」

田辺さん「そういえばさ、私、最近健康に気を使ってるのよ」

そう言って、田辺さんはいきなり話を脱線させてきました。

田辺さん「だからね、私、毎日鯖食べてるのよね」

あんりちゃん「え!?　田辺さん皿食べてるんですか!?」

田辺さん「鯖よ！　さーばー！」

あんりちゃん「なんだ、鯖か。びっくりしました」

私「あんりちゃん、今、本気で田辺さんが皿食べてると思った驚き方だったよ」

田辺さん「皿なんて食べないわよ！！」

あんりちゃん「田辺さんなら皿食べるかと思って」

私「皿、カロリーゼロだもんね」

あんりちゃん「『お皿はたくさん食べてもカロリーゼロよ!!』って言ってそうですよね」

田辺さん「言わないよ!! 皿なんていっぱい食べたらロケガするよ！１枚で十分!!」

私はそれを聞いて（田辺さん、お皿１枚なら食べるんだ）と、思いました。

あんりちゃん「はっ、ネタ合わせしないとっ！」

さっきから全くネタ合わせをしていないことに気がついたあんりちゃんが、ぱんぱんっと手を叩きました。

あんりちゃん「ほら、ネタ合わせしていきますよ!! あ、待ってください。これ、カッコで台詞入ってない場所はこれから考える感じですか？」

私「うん、みんなの意見聞いてから台詞入れようと思って」

あんりちゃん「じゃあ、合わせる前にそこ考えちゃいましょうか！」

私「このカッコの部分に使いたいんだけど、あんりちゃん、最近何か高額な買い物ってした？」

私はこの時、とくに何も考えずに質問したのですが、あんりちゃんは「あります！　タイムリーであります！」と、ものすごく身を乗り出しました。

あんりちゃん「私がよく行くお店でのことなんですけど」

あんりちゃんの話によると、あんりちゃんがよく行くお店で、店員さんにある商品を勧められたそうです。

あんりちゃん「その時、私はちょっと他のことに気を取られてる時だったんです。ふらっと店員さんが来て」

私「うんうん」

あんりちゃん「その店員さんがオススメの商品を説明してくれている時、少し周りの騒音で聞こえづらかったんです。でも、もう一度お願いしますって言うのもあれだし、そのまま流す感じで聞いてたんです」

私「わかる。言いづらいよね」

あんりちゃん「それで、店員さんがいきなり『買いますか？』って聞いてきて、思わず私、『買います』って言っちゃったんです」

田辺さん「言っちゃったのね」

あんりちゃん「店員さんが『ありがとうございます。〇万円（その商品にしてはかなり高額）です』って」

私「高いっ!!」

田辺さん「高いわね」

あんりちゃん「うわっ!!　やっちまったって思いましたね!!　いや、買うって言った私が悪いんですけど、たぶん店員さん、『買いますか？』の前に値段は言ってなかったと思うんですよ!!」

私「確かに、その値段を事前に言われていたら思わずの『買います』は出ないね」

あんりちゃん「値段聞いて、『やっぱりやめます』は言いづらいじゃないですか。一応、私がぼる塾のあんりってことも向こう知ってるんです」

田辺さん「『ぼる塾のあんり、〇万円って聞いてやっぱ買うのやめます発言』ってネットニュースにされるかもしれないものね」

私「そんなニュースばかりの世の中になってほしいね」

あんりちゃん「どんな世ですか。でも、私、まだ逃げられると思って、今日はそんなに現金を持ち合わせてないって言ったんです。デビットカードも今、お金入れてないから使えないって話して」

田辺さん「あがくわね」

あんりちゃん「あがかせてください。そしたら『お取り置きしておくので、次回ご来店の際お渡ししますね！』ってお取り置きされたんです!!」

私「わっ!!　一本取られたね!!」

あんりちゃん「向こうが一枚上手でした」

私「それどうするの？　買うの？」

あんりちゃん「もう買いました。〇万円払ってきました」

私「え、もう買ったんだ!!」

あんりちゃん「めちゃくちゃ迷いましたよ。でも私、その店これからも利用したいし、その商品も必要なものではあったので……」

私「物は良いの？」

あんりちゃん「はい！　すごく良いです！　性能も良いし使いやすいです！」

田辺さん「そりゃ〇万円するからね」

あんりちゃん「田辺さん、やめてください!!　あ、やめてくださいで思い出したんですけど!!」

私は、どんな思い出し方だと思いました。

あんりちゃん「はるちゃんにも、〇万円払わなきゃいけなくなった話はしていたんです」

私は"やめてください"で思い出される、はるちゃんの存在って一体、と思いました。

あんりちゃん「だから結局、その商品買ったよ！って報告したんです」

私「うんうん」

あんりちゃん「そしたらはるちゃんが、

はるちゃん『あんり、それ本当に〇万円するのかな？　ネットショップでもっと安く売られてたりしない？』

とか、急に不安を煽ってきたんです!!」

私「怖いこと言うね」

あんりちゃん「そう言われると不安になるじゃないですか!!　はるちゃんが『絶対調べたほうがいいよ!!　人を平気で騙す人もいるんだから!!』ってどんどん言ってくるし!!」

私「うんうん」

あんりちゃん「私、怖くなって調べたんです」

私「どうだった？」

あんりちゃん「安心してください。ネットでも〇万円でした。騙されていませんでした」

田辺さん「よかったね。『ぼる塾あんり、ぼる塾なのにぼられる』って、ネットニュースにならなくて」

あんりちゃん「何なんですか！　さっきからネットニュースいじり!!　ぼる塾のぼるはぼったくりのぼるじゃないですし!!」

田辺さん「私、あんりがネットニュースになるのが好きなの」

あんりちゃん「ありがとうございます」（？）

私「でも、はるちゃんはあんりちゃんのこと心配してくれてるんだね」

田辺さん「いや！　あの女は違うよ!!　今ので思い出したんだけどさ!」

そう言って、今度は田辺さんが話し始めました。

田辺さん「私も知り合いのメイクさんに勧められてドライヤー買ったのよ。２万円の」

私「結構良い値段するね」

田辺さん「高い分マッサージ機能とかいろんな機能がついてるのよ！　すごく良いの！　こんな感じ！
うううう…うううわわああああああああー」

この時、田辺さんはドライヤーについてるマッサージ機能を使っている演技をしてくれたのですが、その顔はまるで溶けだした岩みたいでした。

私「はるちゃんがどうしたの？」

田辺さん「うううあああ……あ、そうそう！　はるちゃんにね、ドラ

イヤー買ったって話をしたらね！
はるちゃん『田辺さん、それ本当に２万円するんですか？　大丈夫ですか？　騙されてないですか？』
って不安を煽ってくるの!!」

私「はるちゃん、めちゃくちゃ騙されるの心配してくれるね」

あんりちゃん「『世の中には平気で人を騙す悪人がいるんだからね』ってよく言ってますよ」

田辺さん「言ってる！　本当によく言ってる!!」

私「はるちゃん、昔、何か騙されたことがあるの？」

あんりちゃん「ないです。一度もないです」

田辺さん「はるちゃんは、恋愛のことでも『人はすぐに裏切るから』って言うわよね」

あんりちゃん「でも、はるちゃん、そんな経験なんてしてないんですよ」

私「ないんかーい!!」

あんりちゃん「あの女はドラマの見すぎです。全部ドラマの知識なんで」

しかし、全部ドラマの知識だったとしても、はるちゃんの（あんりちゃんと田辺さんが悪い人に騙されていないか心配）という気持ちは本物なのでははと思いました。

私「でも、はるちゃんが2人を心配してくれてる気持ちは本物なんじゃ」

あんりちゃん「いや、それも怪しいですよ」

私が良い話でまとめようとしたところで、あんりちゃんに食い気味に止められました。

あんりちゃん「私、はるちゃんに買う前にも相談してるんですよ。取り置きの商品を買いに行く前に」

私「うんうん」

あんりちゃん「その時ははるちゃん、何も言わなかったんです。買うのやめなよ！　とか、ひと言も言わなかったんです」

田辺さん「私の時もそうよ！　2万円のドライヤー買うか迷ってるって話した時は止めてこなかったわ!!」

あんりちゃん「あの女は私たちが買ってから『騙されてない？』っていきなり不安を煽ってくるんですよ!!　我々を泳がせるんですよ！　1回!!　それで『はい、買いましたね！　よしっ、行くぞ!』って感じなんです!!」

田辺さん「あの女は悪いわよ〜。悪いね〜」

あんりちゃん「こういうこと何回もあるんです!!　買う前は止めないのに、買ってから『騙されてない？』って言い出すこと!!」

田辺さん「悪だね〜」

あんりちゃん「そういうあんたも悪人ですよ!!　田辺さん!!」

田辺さん「え、私!?」

あんりちゃん「田辺さんって、自分の悪い部分は酒寄さんに隠すから私が話しますね」

田辺さん「いいよ！　話さなくて!!」

私「ぜひ教えて」

このままだとぼる塾の半数は悪人でできていることになってしまうので、詳しく聞くことにしました。

あんりちゃん「さっきの取り置きの商品の話なんですけど、田辺さんが

田辺さん『ねえ、あんり、その商品いつ買いに行くの？』

ってしつこく聞いてくるんです。なんでそんなこと聞くんですか？　って聞いたら、

田辺さん『私もその日、ついていっていい？』

って言い出して。何でですかって聞いたら、

田辺さん『あんりが大金払わされてるところ見たいから！』

って、悪い顔して言ってきたんです！　田辺さんこそ悪人ですよ!!」

田辺さん「私、人がたくさん金使うのを見るのが好きなのよ〜」

そう言っている目の前の田辺さんは、とても悪い顔をしていました。

あんりちゃん「田辺さんが1人の仕事がある時に買いに行きました」

田辺さん「そう!!　あんりの意地悪!!　あんりが大金払わされてるところ間近で見たかったのにさ!!

こんなに悔しいことないよ!!」

私は、もっと悔しいことありなよって思いました。

おまけ。

なぜはるちゃんは購入した後で2人の不安を煽るのか、はるちゃん本人に聞いてみました。

Q なぜはるちゃんは買い物が終わってから『騙されてない?』って言い出すの?
はるちゃん「特に理由はないんですけど、2人のために言ってます!」

Q なぜ買う前は止めないの?
はるちゃん「買う時って、もう買うって決めているからこっちが何を言っても意味ないと思っていて。なので買った後にいろいろ聞きます!」

Q もし騙されていたら、買った後に返品をさせるってこと?

はるちゃん「返品させたいわけでもないですね。何も考えてないので無意識に言ってるのかもしれません」

Q 無意識の行為だったんだね。逆にはるちゃんが意識的にやっていることはありますか？
はるちゃん「うーん、なんだろ！ 最近夜に食欲爆発してカップ麺食べちゃう！」

Q ？
はるちゃん「意識してなかったら食べてない気がする！ あれ？ 意識って使い方、合ってます??」

Q 意識的に、でよく聞くのは、食事はサラダから食べるとか、なるべく運動するためにひと駅前から歩くようにするとかかな？
はるちゃん「あっ！ まさにそれはしてます！ 普段まさにサラダから食べるようにしてる！ なるべく歩くようにしたりしてます！ カップ麺は意識的にじゃなくて酔った勢いかもしれないです！」

結論。最後何を言っているのかよくわからなかったけど、はるちゃんの不安を煽る行為はわざとではなく無意識によるもの。

はるちゃんの成長

この前、とある仕事で久しぶりに4人で集合した時のことです。

待機時間に私とあんりちゃんと田辺さんで雑談をしていました。

あんりちゃん「そうだ！　酒寄さん！　ちょっと聞いてくださいよ！」

田辺さん「あ！　あんり！　あんたあのこと酒寄さんにちくる気だね！」

あんりちゃん「だって田辺さん、自分に都合が悪いことは消すじゃないですか！」

田辺さん「ええ！」

あんりちゃん「そこはまあね！って言ってくださいよ！　……そうじゃなくて！　酒寄さん！　田辺さんとはるちゃん、ルームシェアを始めたじゃないですか」

最近、田辺さんとはるちゃんはルームシェアを始めました。ほぼ同時にあんりちゃんも同期の芸人たかぴんア・ラ・モード☆とルームシェアを始めました。ぼる塾の3人は一気に新生活を始めたのです。

あんりちゃん「田辺さんが『ちょっとお金やばいかもしれない。もしかし

たら少し借りることになるかもしれない』って苦しそうに言ってきたんですよ」

私「うんうん」

田辺さん「いいわよ！　私の話は！」

あんりちゃん「私も引っ越したばかりでお金は厳しいけど、もし、本当に田辺さんが助けを求めてきたら貸してあげようと思ってたんですよ。そしたら！

その話をした次の日に、田辺さん、2000円もする金平糖買ってたんです！　ぜってーこいつには金貸さねーって思いました」

田辺さん「結果、なんとかなりそうだったから買ったのよ！」

あんりちゃん「今月お金やばいと思った次の日、2000円の金平糖買います？」

私「買わない」

田辺さん「本当になんとかなったのよ！」

田辺さんは頭の中で、一体どういうお金の計算をしているのか不思議になりました。

田辺さん「それで結果、給料余ったから昨日全部使ったわ」

私は田辺さんの発言を理解できませんでした。あんりちゃんも同じだったらしく

「え、どういうことですか？」

と、田辺さんに聞いていました。

田辺さん「給料が余ったのよ」（？）

あんりちゃん「え、田辺さん引っ越したばかりですよね？」

田辺さん「ええ。昨日やっと突っ張り棒買ったわ」

あんりちゃん「全部使っちゃったんですか？」

田辺さん「ええ。だから2000円の金平糖なんて可愛いものよ」

私「いくら使ったの？」

田辺さんが言った金額を聞いて、私とあんりちゃんは思わず悲鳴を上げました。

田辺さん「多かったから、ちょっと使いきるのに無理したわよ」

あんりちゃん「いや！　無駄遣いに無理すんなよ！」

あんりちゃんが思わずタメ口になって正論を言ってました。そこに準備から戻ってきたはるちゃんが

「どうしたんですかー？」

と笑顔でやってきました。はるちゃんはこの"やば辺さん"とルームシェアをしています。あんりちゃんが

「あんた、この女追い出したほうがいいよ！　危険性がある！　違うルームメイト募集しな！」

と言って、今までの話の説明をしました。あんりちゃんの話を聞き終わると、いつも笑顔のはるちゃんが真顔で

「田辺さん、給料が余るという日本語はありませんよ」

と言って、はるちゃんも笑い飛ばさないことがあるんだと私は思いました。真顔のはるちゃんを見て、あんりちゃんが

「田辺さんといるとはるちゃんが成長する……」

と、言うと田辺さんは

「よかったね」

って言ってました。

ルームシェアの裏側

はるちゃんと田辺さんは一緒に暮らしています。

芸人のルームシェアは珍しいことではありません。若手芸人はお給料がとても少ないです。なので、ルームシェアをしてお金や精神面を助け合い、仕事が増えて収入が安定してから一人暮らしを始める人がたくさんいます。

相方同士でする人もいますが、相方とは別の仲の良い芸人同士でのルームシェアのほうが多い気がします。相方同士だと、プライベートも仕事も常に一緒になるので、さすがにそれは避けたくなるのかもしれません。

それを考えると、相方同士で、しかも仕事が増えてから一緒に暮らし始めたはるちゃんと田辺さんはとても珍しいです。

最初にはるちゃんと田辺さんが「一緒に暮らすために貯金を始めた」と聞いた時は、小学生の親友同士の女の子が「将来一緒に暮らそうね！　寝ないで毎日おしゃべりしよう！」と約束したのと同じ感じだろうと思っていました。

だから本当に一緒に住むことが決まった時はとても驚きました。2人とも実家暮らしからいきなりのルームシェア（しかもあんりちゃんは不在）で、大丈夫なのだろうかと少し心配しました。

そして始まった2人のルームシェア。2人の同居生活の話題がよく上がるようになりました。

ある時は、

はるちゃん「家に帰ったら、『おかえり〜』って、田辺さんがタンドリーチキンを揉んでました！」

田辺さん「揉み込みは大事よ〜」

またある時は、

はるちゃん「田辺さんが自分の部屋に引きこもってたんですけど、リビングでアンパンマン流したら出てきました」

田辺さん「ねえ、バイキンマンって悪い奴だけど、バタコさんのこと、ちゃんとバタコじゃなくてバタコさんって呼ぶのよ！」

あんりちゃん「バイキンマンは、田辺さんのことも田辺さんって呼ぶと思いますよ」

そしてある時は、

はるちゃん「田辺さんがお仕事でもらった高いうどん、茹でるの失敗して悔しがってました！　可愛い！」

私「あら、田辺さん痛恨のミスだね！」

はるちゃん「『高いうどんは気をつけなきゃいけないのはわかってたんだけどねえ……。はあ悔しい!!』って食べてました!!」

私「なんだか田辺さんって、自分が作って食べる時いつも悔しがってない？　普通に美味しいカレー作ってくれた時も、『でも、これじゃ神保町のカレー激戦区では勝てないよ』とか言ってたし」

はるちゃん「食べ物に関してはプライド高いのに、ネタに関しては悔しいって言ってるの見たことないです!!」

２人暮らしのエピソードを聞いていると、とても楽しそうだったので、心配するのは余計なお世話だったなと思いました。

そんなある日、はるちゃんと話していて２人のルームシェアの話になりました。

はるちゃん「ルームシェア、私から田辺さんを誘ったんですよ」

私「あ、はるちゃんからなんだ！　なんで田辺さんを誘ったの？」

はるちゃん「一人暮らしは怖いから誰かと住みたいなとは思っていて。んで、お互い結婚願望がない田辺さんなら！ってなって誘いました。田辺さんもノリノリではなかったけど、いいわよ～的なテキーラ！」

私は一瞬、田辺さんが同居の返事に「いいわよ～的なテキーラ！」と言ったのかと思いましたが、はるちゃんの独特な語尾でした。

私「相方として長く一緒にいるようになってからだったし、田辺さんの性

格とか知ってて一緒に住むの不安じゃなかった？」

はるちゃん「なんとかなる！　住んでみないとわからない！ って感覚でしたね！　むしろ住んでから田辺さんを知りました」

私「大丈夫？　うまくいってる？」

はるちゃん「幸せです！　田辺さんの存在がずっと私を癒してくれます!!」

はるちゃんは、リビングで田辺さんが大の字で寝ている写真を見せてくれました。倒れている田辺さんがあまりに大きくて、ラグよりラグみたいでした。

はるちゃん「田辺さんが洗濯物分けてくれてて、ありがとー！　って言うと、でも投げてやったからね！って照れるんです！」

はるちゃんの話を聞いていると、２人の生活はまるで森の中でダンスをしたり小動物とかくれんぼでもしているように愉快に感じました。しかし、いくらはるちゃんと田辺さんだって成人女性の暮らしがあるはずです。はるちゃんにルームシェアで困ったことはないのか聞いてみました。

はるちゃん「あります！」

私「ほう、どんなの？」

はるちゃん「田辺さんは、私が買った大きいサイズのキムチを食べないんです！　私が食べていいからねって言っても、新しいキムチ買っちゃうんです！」

私「田辺さんのこだわりのキムチがあるんじゃない？　メーカーとか」

はるちゃん「一食一食を大事にしているのかもしれません……」

はるちゃんは真剣に困っていたので、一応、ぼる塾のリーダーの私が田辺さんに「キムチ食べてあげなよ」と覚えていたら言おうと思いました。

私「田辺さんとの暮らしって、はるちゃんが想像していたルームシェアに近い？」

はるちゃん「住む前は学校みたいに週に1回、ルーレット回して、掃除当番決めたりしたいな！　楽しそうだな！　って思ってたんですけど、今はなんとなく過ごしてて、これもまたいいかなって感じで！」

私「一緒に暮らしてみて驚いたことある？」

はるちゃん「田辺さん、焼肉をホットプレート使わずに、キッチンのコンロでフライパン使って、1人で立ち食い焼肉してました！」

はるちゃんに2人の暮らしぶりを聞いて、私のルームシェアに関する興味がある部分は（掃除などの役割分担、お金の問題など）とても些細なことなのだと感じました。はるちゃんのルームシェアは「田辺さんが好き！」が全てなのです。私は自分が恥ずかしくなりました。でも田辺さんの弱みを握りたかったので、「何かないか？」と、滅茶苦茶粘ったら

はるちゃん「うーん……。あ！　田辺さん部屋が散らかってます！　田辺さんの部屋の入り口の前に明らかに邪魔そうに物が落ちてるのに片付けないんです！」

と、いい女の田辺さんのちょっぴり恥ずかしい話も聞けました。田辺さんは片付けが苦手みたいです。それか、田辺さんは実はラスボスで、戦う前に主人公が特定の技を覚えていないと撤去できない障害物を設置して、田辺さんまでなかなか辿り着けない作りにしているのかもしれません（紙袋だそうですが）。

はるちゃんは私に対してずっと楽しそうにルームシェアの話をしてくれましたが、ふと寂しそうに言いました。

はるちゃん「ただ、私はとても幸せだけど、田辺さんが私と一緒に暮らしていてストレス感じていないか心配です。私はおばあちゃんになっても一緒に暮らしたいけど、田辺さんもいつか結婚するかもしれないし」

私「もし結婚しちゃったら、隣に住めばいいよ」

はるちゃん「隣か！　壁に穴開けて覗いちゃおう！」

私は余計なことを言ったかな、と思いました。

はるちゃんは、田辺さんが自分との暮らしにストレスを感じていないかとても心配していました。しかし、田辺さんも田辺さんなりに、はるちゃんのことをすごく大事に思っていることを私は知っています。

それはまだ2人が同居を始める前の話です。夜遅く、田辺さんから私に連絡がきました。

田辺さん「はーい！　遅くに悪いね。大丈夫？」

私「大丈夫だよ」

田辺さん「今日さ、知識を学ぶ系のテレビ番組の打ち合わせがあったのよ」

私「うんうん」

田辺さん「スタッフの人が、私たちがゲストで出る回の内容をふわっと説明してくれたの」

私「うんうん」

田辺さん「詳しい内容は本番で教えるから、気になるところで説明が終わってさ。面白そうな内容なのよ」

私「うんうん」

田辺さん「スタッフさんが『どうです？　もっと知りたくなったでしょう？』って言ったら

はるちゃんが『知りたくないです！』って言って！」

私「え、なんで？」

田辺さん「私もあんりも驚いて！　なんでそんなこと言うの!?って!!」

スタッフの人も驚いて、打ち合わせが変な空気になってしまったそうです。

田辺さん「でも、後から聞いたら、はるちゃんはすごく面白そう！　知

りたい！　ってなったけど、聞いていてわからない部分もあったみたいで。だから、今の自分だとさらに詳しく説明してもらっても理解ができないから、ちゃんと自分でそれについて勉強して、教えてもらう内容をちゃんと理解できるようになってから知りたいってことを言いたかったみたいで」

私「……あ！　そういうことか！　はるちゃん、すごく考えていたんだね」

田辺さん「そうなの！　でも言葉にすると『知りたくないです！』になっちゃったみたいで」

私「うーん、難しいね」

田辺さん「自分の気持ちをうまく言葉にするのが苦手みたいなのよね……」

確かにはるちゃんはストレートな発言をするので、誤解を招くことがあります。今回のように、後からはるちゃんに悪気はなかったり、伝えたかったこととのズレがあったことを知ったりします。

田辺さん「でもさ、私たちは、はるちゃんのそういう部分を大事にしてあげたいわよね」

私「そうだね」

そんな2人が始めたルームシェア。きっと思いやりを持って助け合ってうまくいくはずです。

つい最近も、田辺さんからこんな報告がありました。

田辺さん「今日、スンドゥブ作ったから、はるちゃんも食べるか聞いたの!!　そしたら、はるちゃんに
『食べたほうがいいなら食べますよ』
って言われたの!!　きーっ!!　だから言ってやったよ!!
その言い方は!!　絶対あんた、食べないやつだよおおおー!!ってねっ!!」

田辺さんは普通にめちゃくちゃ怒ってました。

みんな可愛いー　　　　大好きー！

はるちゃん
アルバム

写真が好きなはるちゃんがぼる塾アルバムを作ってくれました
はるちゃんは「写真とは、被写体をどう生かせるか、どう愛すか」と言ってました
見ると思わず笑顔になっちゃうはるちゃんワールド全開です！ どうぞ！

from 酒寄

どんまい！

単独ライブの終わりに劇場の楽
屋で大成功の胴上げをしようと
したができなかった時です！
田辺さんが眩しかったですなぁ。

ピーターパンより
飛ぶのです！！

単独ライブで四人漫才
をしている時です！
これでぼる塾なので
す！ 最強なのです!!
てっぺんとるのです!!

幸せな一枚！

ライブでぼる塾結成発表した日にみんなであんりと私
が好きなナポリタンのお店に行った時！ 懐かしい！
この時は先輩として猫塾さんがあんりに1キロナポリ
タン奢ってた！ あんりさらにパンパンなってたな！

大盛りナポリタンだぞい!

あんりと私が好きなナポリタンのお店に行った時です! 大盛りのハンバーグトッピングですごくうれしそうだったな! きれいに完食してました! 服にソース付いてたけどそっとしておいたぞい!

たまんないね!

ライブ前に稽古しようとした時! 距離がいい感じだったから思わず撮っちゃった! ふいな撮影にもいい顔してくれるあんり! このポストカードを配りたいよ!

真面目お笑い野郎だぜ!

ライブ中の一枚ですね! 前髪が邪魔だったんでしょうね! 社員さんからもらった一枚なのですがなんだか絶妙に可愛くて! 前髪が邪魔なのか何か考えているのか! 真面目お笑い野郎だぜ!

お昼ごはん食べたあと!

楽屋で出番待ちの時! お昼ごはん食べたあとだからなのかあんり眠そう! 田辺さんは幸せそう! 幸せ塾!

罠にかかったトナカイじゃないよ!

クリスマスライブの時! クリスマスデートコーデ的な感じのあんり! 罠にかかったトナカイじゃないよ! みかんの網でもないよ! あんりだよ! 可愛いね! その表情も好き! 美味しいシチュー作ってくれそう!

ドンタコスあんり!

同期とファミレスでお茶してる時! 一人、帽子被ってる子がいてみんなで被る流れになったんだけどあんりが一番似合ってたんだよね! たまたまあんりの私服にもしっくりきてさ! ドンタコスあんりじゃん!

天才みたらしくん!

酒寄さんのお子さん、みたらしくんにみんなで会いに行った時! 最高に可愛かったなぁ! わたしが抱っこすると笑ってくれて、あんりが抱っこすると嫌な顔して、田辺さんが抱っこすると泣いちゃって! 三段オチがわかる天才だ!!

サラダ食べ放題!

社員さんとシズラー行った時! サラダが食べ放題でお皿がすごいことになってた! 田辺さんおすすめの食べ方があったんだけどみんなにハマってなかった!

生配信こんなんなってた!

Zoomでぼる塾生配信してる時! みんなで何食べてるか紹介しあってたらこんなんなってた! なんの話してたっけ???

寝転び姉妹!

日光に旅行行って旅館に泊まった時! 畳って横になりたくなるよねーって話し合ってたらあんりと田辺さん同じポーズしてた! 可愛い! 寝転び姉妹!

無性にトリキ!

3人で鳥貴族行った時! なんだか無性にトリキに行きたくなってみんなで集まって行ったね! また行きたい!

楽しくて幸せ!

ぼる塾結成してこれから単独ライブをやっていこうと話し合った時です! 久しぶりに四人で集まれて最高にうれしかった! 楽しくて幸せで! 作家さんおすすめの麻婆麺食べたね!

ママー!

単独ライブ帰りの電車に乗ってる時! 酒寄さん隣に座ってくれたからママー! って甘えちゃった! うれしそうで何よりですなぁ! 田辺さんもわたしに興味持ってよーん!

椅子に埋まってた!

楽屋で待機してる時! 田辺さんどこ行った? ってなって探してたら楽屋の隅の椅子に埋まってた! なんというフィット感! 美しい!

ロケの控え室で待機してる時! おしゃれなソファがあってあんりが座ったらすごい似合ってたの! ちょこんと座ってて可愛い! カレンダーにしたい!

可愛い!

4人はたくましいのだ！

初ぼる塾単独ライブの時！終わりで撮ったやつ！ 4人のぼる塾はたくましいのだ！

海ほたるに行った時！田辺さんもいっぱい食べてた！ ラーメン、ミニ丼、あさりまん！ 部活後かよ！ 可愛いな！ もう！

ちゃんと食べてた！

海ほたるに行った時！酒寄さんはちゃんと一人前の量食べてた！ 髪伸びて美しいぞ！帰りにみたらしくんのためにアンパンマンジュース買ってた！ さすがママ!!!

休憩中のパートさん！

単独ライブの撮影してる時！ 工場で働いてるパートさんたちの休憩みたい！

絵本みたい！

ロケでわたしのことを待っている時の2人！ マネージャーからもらったんだけど何これ！ 可愛すぎない!? 絵本の1ページみたい！

あんりおじさん！

海ほたるに行った時！ お腹空きすぎていっぱい食べたね！ どんぶりにあさりの味噌汁にあさりまん！ あんりのこのおじさんな感じ好きぃ。

お帰りって言われたい！

ぼる塾カレンダー撮影日の時！ クロワッサンTシャツが似合いすぎてる！ 紙コップを上品に持ってる！

ネタ作んなくていいよ！

撮影現場にあったぬいぐるみをいじってる時！ 2人でアテレコしてた！ ネタ作んなくていいよ！ おもろかったけど！

田辺さん編

ごはんの量

「あの中華行こうか」

田辺さんと私はお気に入りの中華料理屋がありました。そこは本場の方がやっていて、安くて早くて多くて美味しく、田辺さんに言わせると「実家」でした。ある日、いつものようにメニューを見ていると田辺さんが

「私、黒酢酢豚定食のご飯少なめにするわ」

と、言いました。私が「田辺さんがご飯少なめ！」と、驚くと

田辺さん「ちょっとダイエットしようと思って。ここのところ、食べすぎなのよ」

私「出会って数年経つけど初めて聞いたかも。田辺さんのご飯少なめ」

田辺さん「じゃあ、今日は記念日ね」

お店の人を呼んで、田辺さんは「黒酢酢豚定食、ご飯少なめ」、私は「回鍋肉定食」を頼みました。全然待たずにすぐに料理が運ばれてきました。

「ハイ！　クロズ！　ハイ！　ホイコーロー！」

さあ食べようと、箸を持つと、田辺さんが「待って！」と言いました。私が「どうしたの？」と言うと、田辺さんが指さしました。

「私のご飯少なめのほうが、酒寄さんよりご飯多くない？」

確かに、田辺さんのご飯の量は私のご飯より明らかに多いです。どう見てもご飯少なめには見えません。

田辺さん「ご飯少なめ、忘れられたのかしら？」

私「店員さん呼ぶ？」

田辺さん「わざわざ悪いわよ」

私「じゃあ、私のご飯と取り替えようか？」

田辺さん「いや、わざわざ悪いわよ」

茶碗を交換するくらい別に手間ではなかったのですが、田辺さんはそのまま食べ始めました。「美味しいねー」と言い合い、完食して、その日の食事は終わりました。

「あの中華行こうか」

数日後のネタ合わせ終わりに、また2人で中華料理屋に行きました。メニューを見て田辺さんは悲鳴を上げました（本当に悲鳴でした）。

「やだ!!　今日、神セットがある!!」

神セットとは唐揚げと麻婆豆腐がセットになった定食で、麻婆豆腐が一人前あるのになぜか普通の麻婆豆腐定食と同じ値段で食べられる、大変お得なものでした。たまにしか現れないので田辺さんは、勝手に神セットと呼んで崇めていました。

田辺さん「私、絶対、神セットにする!!」

私「よかったね」

田辺さん「でもどうしよう……私ダイエット中なのに。ご飯少なめにすれば大丈夫かしら?」

私「そういえば、この前田辺さんが頼んだご飯少なめ、全然少なめじゃなかったね」

田辺さん「今日はご飯半分って言うわ!!　力強く!!」

お店の人を呼んで田辺さんは

「かみ（?）、唐揚げ、麻婆豆腐定食、ご飯半分で!!」

と、力強く頼みました。「ご飯半分よ!!」と、念のため2回言っていました。お店の人も「ハンブン」と繰り返していました。私は「回鍋肉定食」を頼みました。今回も待たずにすぐに料理が運ばれてきました。

「ハイ!　カラアゲマーボー!　ハイ!　ホイコーロー!」

店の人が立ち去ってから田辺さんが言いました。

「私のご飯半分のほうが、酒寄さんよりご飯多くない？」

見てすぐにわかるほどに、田辺さんのご飯半分が私のご飯より確実に多い
のです。田辺さんが「トリックアートかしら？」と言いました。

私「半分って繰り返してたよね」

田辺さん「繰り返してたわ」

私「なんならそれ、大盛りの部類に入るよ」

田辺さん「そうよね！　これ大盛りよね！」

私「店員さん呼ぶ？」

田辺さん「わざわざ悪いわよ」

私「私、今お腹空いてるから、私のご飯と交換しようか？」

田辺さん「酒寄さんが犠牲になることないよ！」

私は田辺さんの優しさに甘えて（？）、茶碗交換はしませんでした。「美味
しいねー」と言い合ってると田辺さんが急に、

「ねえ、これって茶碗じゃなくて、人間の器の大きさでご飯半分にしてる
んじゃない？」

と言い始めました。

私「人間の器の大きさ？」

田辺さん「きっとそうよ!!　この店はね!!　茶碗の大きさでご飯の量を決めるって、そんな小さいことに縛られてないのよ!!」

私が「どちらかというと、体の大きさでご飯半分じゃない？」と、言おうとしたら田辺さんが、

「ねえ、メニューの写真も酒寄さんの定食も、覗き見した他のお客さんの定食も、ミニサラダにはドレッシングなのに、私だけ最近いつもミニサラダにマヨネーズかかってるんだけど!!」

って新しい事件を始めていました。

恋とカレー

田辺さんがモテていたのではないか？　と私が思った話です。

私の家の近所に、安くて美味しいインド・ネパールカレーのお店があります。どのカレーも美味しくナンも大きくて、田辺さんも絶対に好きだと思いそこのランチに連れていきました。田辺さんはカレーを食べて

「あんた、良い店見つけたね」

と褒めてくれました。

「サービスのラッシーです」

カレーを食べていると、そこの店員さんがサービスにラッシーをくれました。お礼を言って飲むととても美味しいラッシーで、田辺さんと「ラッキーだね」と喜びました。田辺さんが「これはランチカレー全種コンプしたいわね」と帰り道に言いました。

「今度のネタ合わせ、酒寄さん家の近くでして、あの店でカレーランチしない？」

ある日、田辺さんに誘われてまたその店に行きました。「バターチキンカレーってパスタにかけても美味しそうだよね」などと話していると

「サービスのラッシーです」

またそこの店員さん（この間と同じ人）がサービスにラッシーをくれました。とても美味しいラッシーでしたが、私は少し気になることがありました。田辺さんが「少しお金を足すだけでカレーが2種類選べるなら、2種類にしたほうがお得よ！」と帰り道に言いました。

「カレー食べに行くわね」

田辺さんはもうカレーを食べにやってきました。

「サービスのラッシーです」

今回も店員さん（同じ人）がサービスにラッシーをくれました。私が気になっていたことが起こりました。気になっていたこと、それは

私だけで行った時はサービスのラッシーがもらえないことです。

田辺さんを誘った後も私だけで何回かその店に行きましたが、サービスのラッシーはもらえませんでした。田辺さんがいるとラッシーがもらえる。

（もしかしてこの店員さん、田辺さんのこと好きなんじゃ？）

私は自分の考えを田辺さんに伝えようと思いました。

「田辺さ」

「酒寄さん、見て！」

私が話しかけると、田辺さんはそれを遮るように大声のような小声で言いました。田辺さんが言うほうに目を向けると、カップルが食事を楽しんでました。

「あのカップル、ナンを残しそうよ!!」

確かに、2人とも皿にはまだ半分くらいナンが残ってますが、お喋りに夢中で手が止まっているように見えます。田辺さんが分析を始めました。

「あの2人、両思いだけどまだ付き合ってない感じよ。お腹いっぱいには見えないんだけど、2人だけの世界に入っちゃって、カレーすら見えなくなってるのかしら？　男の音楽の話よりナン食べてほしいわ!!」

田辺さんは人の話（身内の話以外）をよく聞いています。

私「お腹いっぱいなんじゃない？」

田辺さん「いや！　お腹いっぱいじゃないよ！　顔見たらわかる!!」

私は忘れていました。田辺さんはカレー屋でたまにナン警察になるのです。

田辺さん「あの2人、スペシャルセットにしてるよ！　ナン残すのに！」

私「なんでスペシャルってわかるの？」

田辺さん「チキンティッカがついてるじゃない！」

私「本当だ。よく見てるね」

田辺さん「チキンティッカはスペシャルセットにしかついてないんだよ！　チキンティッカ残したら私は泣くね！」

　ここで田辺さんが泣きだすと最悪なので、（頼むからチキンティッカを食べてくれ！）と思っていたら、願いが通じたのか、カップルはちゃんとチキンティッカを食べてくれたのでほっとしました。

「まあ、今回はチキンティッカは食べたから許してあげるわ。次はないよ」

カップルが会計に向かい、残されたナンを見て田辺さんは、「次に生まれてくる時は私の皿においで」と言っていました。

「ねえ、このサービスの飲み物なんだけどさ」

私が改めて話し始めようとしたら

田辺さん「そうそう！　サービスだからラッシーって最初から決まってたけどさ」

田辺さんはその後、インドカレー屋のドリンクを自分で選ぶ時に起こるチャイとラッシーという究極の選択で、なんとかラッシーを選んだ後に現れるマンゴーラッシーという強敵の話をしてくれました。

店員さんが田辺さんのことを好きだったのかは、今もわかりません。

惑わす女

以前、あんりちゃんからこんなLINEが送られてきました。

「神保町の劇場にやってきた田辺さんが座る前に『私、最近愚痴っぽいわよね。すごく反省してるの。直すわ！』って言って床に座ったんですけど、『神保町って座りにくいね。くつろげないわ』ってすぐ愚痴ってました」

あんりちゃんと私は、あまりにも田辺さんがテキトーなことばかり言うので、たまにこうやって報告し合うようになりました。

田辺さんに「なんでこんなに田辺さんの会話って矛盾するの？」と聞いたら

「たぶん、自分の発言に責任を持ってないからだろうね！」

と、責任を持ってないことが伝わってくる返事がきました（たぶん、だろうね、などから滲み出ていますね）。田辺さんは続けました。

「責任持たなくても大丈夫なことしか言ってないから平気よ！」

私はそれを聞いて昔のことを思い出しました。

「今月アルバイト頑張ったから、自分たちにご褒美をあげよう！」

アルバイトを頑張った月（＝芸人の仕事が皆無）にご褒美として、ムーミンカフェでランチをすることにしました。ムーミンカフェは2人の憧れだったので、案内された席にムーミンママの巨大なぬいぐるみが座っていた時は2人してとてもテンションが上がりました。

田辺さん「酒寄さん！　ムーミンママの隣に座っていいわよ！」

私「え、いいの？」

田辺さん「写真撮ってあげる！」

私「ありがとう！　田辺さんもムーミンママと撮ろうか？」

田辺さん「ムーミンママに移動してもらうの悪いわよ。お疲れだろうから座らせといてあげましょう」

田辺さんが移動するという考えはないようでした。

田辺さん「ランチはパンが食べ放題なのよね！　うれしいわ！」

メニューを見ながら、田辺さんは「パン食べ放題を考えた人に言いたいわ！　たくさん食べさせてくれてありがとう！って」と全く捻らないそのままの思いを語ってきました。

田辺さん「パン食べ放題がつくこと考えて、メインを決めたいわね」

メニューを見てみると、どのランチのメインもなかなかボリュームがありそうでした。

私「そうだね。パスタとかも美味しそうだけど、パンが入らなくなりそう」

田辺さん「せっかくならパン、たくさん食べたいわよね！　あ！　酒寄さん！　レディースデー限定でスープのランチがあるわよ！　今日水曜日だからレディースデーじゃない!!」

私「本当だ！　これならスープとサラダだけだからパン、たくさん食べられるね!!」

田辺さん「しかもこのスープ美味しそうよ！」

私「ね！　これめっちゃいいね。私これにしよう！」

田辺さん「めっちゃいいわ！　じゃあ私、この米のにする」

私「え、今までの流れは？」

田辺さんは店員さんを呼んで、一番ボリュームのある米のメニューを注文しました。

田辺さん「あのね、パン食べ放題で食べられるパンの量って、メインの重さに関係ないと思うの」

私「じゃあ、なんでスープランチ推してきたの？」

田辺さん「なんでだろうね？」

この時の疑問の答えは今も謎のままです。

田辺さん「パン食べ放題のパンの限界は満腹じゃないのよ！　伝わるかしら？　これ伝わる人とは私、旅行できるわ」

そう熱く語りながら、パン食べ放題のパンを田辺さんはおかわりしまくりました。田辺さんは「米と合うパンだね」と、新たな名言を生み出していました。

田辺さん「あーごちそうさま。パン大好きだけど、当分パン見たくないわ！」

私「すごいおかわりしてたもんね」

私たちはレジでお会計をして、店を出ようとしました。

田辺さん「あ、隣のパン屋でパン買っていきたいから寄っていい？」

って言ってました。

悪辺さんと夏の思い出

ある日、田辺さんから、

「今日はあんりとたかぴんとご飯に行ったわ！」

とLINEがきました（たかぴん＝たかぴんア・ラ・モード☆は元ピンタンパンというトリオのメンバーで、現在ピン芸人。ぼる塾と仲良しです）。「よかったね！　楽しかった？」と、返信をしたところで私はトイレに行きたくなり、携帯電話を置いてトイレに向かいました。戻ってくると、田辺さんとのLINEに数件の未読が溜まっていました。

（田辺さん、すごく楽しかったのかな？）

LINEを開いてみると、

「あんりとたかぴんが食べた米が、信じられないくらいカピカピだった！」

「私は見た瞬間怪しいって思ったわ！」

「それを楽しいって思ったらダメね！」

「やだ、私最低！」

「人の不幸を笑うなんて!!」

「でも、笑っちゃうくらいカピカピだったわ!!」

「やっぱり楽しいのかしら？」

と、私が何げなくした「楽しかった？」という質問のせいで、LINE上で田辺さんの中の天使と悪魔が戦っていました。私が「悪辺さんが出てるね」と送ると、田辺さんから

「私も人間だから悪い部分を持ってるのよ」

と返ってきました。私はその時、昔田辺さんから打ち明けられた話を思い出しました――。

田辺さん「やっと終わったわ！」

私「でもまだ電車動いてないね」

ある夏の日に、よしもと本社で深夜ネタ見せがありました。終わったのは４時頃で、徹夜のテンションと夏の明け方の気持ち良さが混じって、

「始発が出るまで、歩けるところまで歩いてみようか？」

と２人で歩き始めました。歩きながらダメ出しされたネタを直したり、朝ご飯、何食べようかなどいろいろ話しました。今考えると、あの朝はまさに青春という感じでした。

「ねえ酒寄さん。私、昔悪いことしたのよね」

突然田辺さんが言い出しました。「え、何したの？」と私が聞くと、

「学生の頃、母親の財布からお金抜いたの」

田辺さんの告白に私はどう答えていいかわからなくなり、「そうなんだ」
とだけ言いました。田辺さんは続けました。

田辺さん「そのお金で肉買ったの」

私「……肉？」

田辺さん「これくらいの豚こま（ジェスチャー的にファミリーパック？）」

私「うん」

田辺さん「ばれるのが怖くてすぐに焼いて食べたわ」

私「へー」

田辺さん「結局ばれてすごく怒られたわ。あんた真似しちゃダメよ」

ばれた理由は、「ゴミを普通にゴミ箱に捨てたから」だそうです。

チーズケーキと遠距離恋愛

ぼる塾はみんな食べることが大好きです。集まるとよく食べ物の話をします。あんりちゃんだったら、ハマっている食材を言うと簡単な調理法やアレンジを教えてくれるし、はるちゃんは、辛い食べ物やお酒のおつまみを教えてくれます。

そして田辺さん。

田辺さんは甘いものから美味しい焼肉屋など幅広く知っていて、たくさんの食べ物情報をくれます。しかしたくさん教えてくれる分、新しい情報に上書きされてわからなくなってしまうこともあります。この時は、教えてもらったチーズ料理がどうしても思い出せなくて田辺さんにLINEをしました。

私「田辺さんに聞いたチーズなんちゃらって、何だっけ？」

田辺さん「チーズケーキじゃなくて？」

私「違うわ！　韓国料理よ！」

私はLINEだとなぜか田辺さんの口癖が移ります。

田辺さん「チーズハットグかしら？」

私「いや、もっと、なんか名前からしてすごいやつ！」

田辺さんが、LINEのワード検索機能でチーズを検索したらわかるかもと名案を出してくれました（検索機能を使うと、今までやりとりしたチーズという文字を抜き出して表示してくれます）。検索すると、私たちはネズミかと思うほどたくさんのチーズを話題にしていました。

私「わかった！　チーズとんかつだ！」

前に、韓国料理のチーズとんかつをテレビで見て、美味しそうだったので田辺さんに知っているか聞いたら

「知ってるわよ！　私、チーズとんかつは売れる前から知ってたわ！」

と、チーズとんかつをアイドルみたいに言ってきたことがありました。

私「ああ、すっきりした」

田辺さん「よかったわ」

私「チーズでワード検索したら、大量にりくろーおじさんのチーズケーキが引っかかって、チーズとんかつに辿り着くの邪魔してきたよ」

「焼きたてチーズケーキ　りくろーおじさんの店」のチーズケーキです。

田辺さん「りくろーおじさんのチーズケーキ!!　最高!!」

LINEの文字なのに、田辺さんが大声で叫んでいることが伝わってきました。

田辺さんはりくろーおじさんが大好きで、気づくとりくろーおじさんの話になっている時があります。こちらが話題を変えても、田辺さんは無理矢理りくろーおじさんに戻してきます。田辺さんがりくろーおじさんを好きすぎて【りくろーおじさん、田辺さんの元カレ説】が浮上したこともありました。

「りくろーおじさんは大阪に行った時しか買えないからね。この試練が私のハートを燃え上がらせるのよ」

と、田辺さんは以前言っていました（りくろーおじさんの店を調べたらインターネットの通販をしてることがわかり、田辺さんに「通販やってるよ！」と伝えたら「あら、通販で買ってるわよ！」って言われました。え？）。

田辺さんが続けて「りくろーが迷惑かけたわね」とLINEを送ってきました。

私「りくろー、どうにかしてよ。田辺さんの男でしょ」

田辺さん「りくろーとはあんまり会えないからね。私の言うことなんて聞くかしら？」

私「りくろー、なんでこっちに会いに来ないのかしらね？」

田辺さん「本当よ！　いつもこっちからよ!!　あーあ！　話してたらなんだか会いたくなっちゃったわ」

私「会わせてあげたいよ」

田辺さん「りくろーっていつも笑ってるじゃない」

私「うん」

私は、笑顔のおじさんの焼き印が押されているチーズケーキを頭に思い浮かべました。

田辺さん「りくろーはいつも微笑んでいるけど、会えない時にあの笑顔は悲しい」

私「田辺さん……」

田辺さん「毎日会いたい。悔しい」

私が「片想いね」と送ると、田辺さんは名探偵コナンの怪盗キッドのセリフ入りLINEスタンプを送ってきました。

怪盗キッド「最も出会いたくない……恋人ってトコロかな？」

結局、会いたいのか会いたくないのかどっちなんだって思いました。

弁当愛が強い女

ある日の夜、田辺さんから突然LINEが送られてきました。

「最近、孤独を感じるの」

ぼる塾はテレビに出るようになったばかりで、仕事が増えてとてもうれしいけど、あんりちゃん・はるちゃん・田辺さんの3人はいきなり環境が変わったので大丈夫かなと、私は少し心配していたところでした。

そんな時に田辺さんからの不穏なLINEだったので、私はすぐに「どうしたの？」と返信しました。田辺さんからはすぐに返信がきました。

田辺さん「はーい。酒寄さん。変なLINEして悪かったわね」

私「気にしないで！」

田辺さん「なんだか孤独感がひどくて」

私「心配だよ。何かあったの？」

田辺さん「わからないわ。でも今日はとくに孤独感が強い」

私「田辺さんには私はもちろん、みんながいるよ！」

田辺さん「ごめんなさいね。こんな夜中に暗い話に付き合わせて」

私「私は全然大丈夫よ！　原因を考えよう。少し気持ちが軽くなるかも」

２人で田辺さんの孤独の原因を考えてみました。田辺さんの今日一日の出来事を聞いた結果、わりとすぐに田辺さんの孤独の原因に辿り着くことができました。

田辺さん「あんりとはるちゃんが、余った楽屋の弁当を持ち帰らなかったの」

私「え、それ？」

田辺さん「だって○▲□の弁当（田辺さんが大好きなお店）だよ!?」

私「２人は弁当食べなかったの？」

田辺さん「いや、食べてたよ。余った弁当を持ち帰らなかっただけ」

私「食べたからもういいってなったんじゃない？」

田辺さん「だって○▲□の弁当だよ!?」

私「田辺さんは持ち帰ったの？」

田辺さん「まぁね。だって○▲□の弁当だよ!?」

歌だったら絶対ここがサビだなってくらい田辺さんは「だって○▲□の弁当だよ!?」を繰り返し言ってきました。

田辺さん「あの2人も初めて食べた時は美味しい美味しい、こんな美味しい弁当があるなんてすごいですね、田辺さんって言って、弁当持ち帰ってたのに……あたしゃ寂しいよ」

田辺さんがそう言ってその日のやりとりは終わりました（私は気がついたら寝ていたみたいで、起きたら朝でした）。

次の日、田辺さんからまたLINEがきました。

田辺さん「あんりとはるちゃん、昨日仕事の後2人で飲みに行ってたみたい」

あんりちゃんとはるちゃんは小学生の頃からの幼馴染です。もともと友達だった2人なので飲みに行くこともあるでしょう。しかし、2人が弁当を持ち帰らなかっただけで孤独になってしまう田辺さんは、それを知って一体どうなってしまうのかと思いました。私が「大丈夫？」と送ると

田辺さん「よかった！　飲みに行くなら余った弁当、持っていけないね!!」

なぜか田辺さんはとても喜んでいました。

私「そこはいいの？　2人が飲みに行くのは孤独にならないの？」

田辺さん「ならないね！　お好きにって感じよ！」

私「じゃあなんで、弁当持ち帰らないことでは孤独になるのよ」

田辺さん「はて？　なんでかしらね？　最初は一緒に弁当に沸いてたの

にって気持ちかしら？」

私「同じ方向を見ていたのにって感じ？」

田辺さん「あ！　まさにそれ！　一緒に好きだったアイドルのファンを友達が卒業した感じ!!」

そう言って田辺さんは「寂しいよね……」としんみりしていました。私は人によって傷つく部分は違うんだなと学習しました。

私（そういえば、田辺さんの弁当愛は昔からすごかったな……）

昔、田辺さんと私は短期のアルバイトを一緒にしていました。そのアルバイトは毎回ではありませんが、たまに弁当が支給されることがありました。確か1週間のどこかで1回くらいだった気がします。私は休みで、田辺さんだけアルバイトだった日に弁当が出たことがありました。田辺さんはアルバイト先の人に「もし弁当が余ったら持ち帰ってもいいですか？」とお願いして、アルバイト終わりに電車移動までして余った弁当をわざわざ私の家に届けてくれたことがありました。

田辺さん「今日〇〇の弁当だよ!!　やったね!!　それじゃ!!」

私「え、もう帰るの？」

田辺さん「それ（弁当）渡したかっただけだから!!」

と、本当に弁当だけ届けて帰っていきました。

田辺さんにその話をしたら、

田辺さん「そんなことあったね！」

私「田辺さん、弁当渡したらすぐ帰ったよね？　何が田辺さんをそうさせたの？」

田辺さん「だって私たち、弁当もらうためにバイトしてたようなものだったじゃない！」

田辺さんは、もらえるかどうかわからない弁当のために働いていたことがわかりました。田辺さんが孤独を感じるといけないので、私は給料のために働いてたとは言えませんでした。

道案内

「イクスキューズミー××○○△△〜」

ある日、田辺さんと新宿を歩いていると外国人の女性に話しかけられました。

女性はアジア系の方で、後ろで家族らしき人たちが見守っています。

（どうしよう、何言っているか全然わからない）

私は女性が話しているのは英語ではない、ということくらいしかわかりませんでした。困っていると、隣にいた田辺さんが「韓国語ね」と言って、

「はーい。○○××□□〜？」

と、女性に話しかけました。女性は笑顔になり2人は会話を始めました。私が驚いていると田辺さんは

「私、少し韓国語話せるのよ」

と、なんでもないことのように言いました。全然知りませんでした。田辺さんは27歳でギャルデビューしていたり、マカロン29個を一気に食べたことがあったりと、突然こちらを驚かせることがあります。

田辺さん「酒寄さん！　道を聞かれたんだけど、説明するより案内したほうがわかりやすいから、行ってもいいかしら？　ちょっとここで待っててもらっても大丈夫？」

私「大丈夫だよ！　案内してあげて！」

女性の家族のみんなと韓国語で楽しそうに話す田辺さんを見送りました。なんだか田辺さんが素敵に見えました。

（前に、新大久保のサムギョプサル屋に毎日通って20キロ太った話をされたから、その時に韓国語も覚えたのかな）

しばらくして田辺さんが戻ってきました。

田辺さん「はーい。お待たせ！　家族で韓国から日本に観光旅行に来たんですって！」

私「田辺さんが韓国語話せるの全然知らなかったよ。すごいね！」

田辺さん「あら、言ってなかったかしら？」

私「サムギョプサルで20キロ太った話しか聞いてないよ」

田辺さん「あら、私、奥ゆかしいからね！」

私「無事案内できた？」

そう聞くと、田辺さんは「それがさ！」と空間をえぐり取るように右手

のスナップをきかせてきました。

田辺さん「『つるとんたん』に行きたかったらしいんだけどさ、ここから
ちょっと遠かったのよね」

私「そうなんだ」

田辺さん「そうなの！　だから、ちょっと遠いって伝えたら『じゃあ、
あなたのオススメの店に連れてってください』って言われたのよ」

韓国から日本に遊びに来てくれた家族の大事な一食を決めるのは、なかな
か難しいことだと思いました。「どこに行ったの？」と聞くと田辺さんは

「だから、ゴーゴーカレーに連れてったわ」

と言いました。田辺さんはうどんも和食も気にせず、本当に自分のオスス
メに案内したんだなって思いました。

田辺さんのお土産話

猫塾時代、田辺さんが同期の芸人と韓国旅行に行きました。私も誘われたのですがどうしても都合がつかず行くことができませんでした。

「韓国コスメとか辛い食べ物とか、たくさんお土産買ってくるわね！」

と田辺さんが言ってくれたので、

「お土産とかいいから無事帰ってきて、楽しいお土産話聞かせてよ」

と私は言って見送りました。

「はーい！　帰ってきたわよ！」

田辺さんが韓国旅行から帰ってきました。

私「おかえり！　韓国旅行どうだった？」

田辺さん「空港で運び屋に間違われたわ」

想像以上のお土産話が聞けそうでした。

私「え？　運び屋!?」

田辺さん「空港で、私の二の腕が不自然に太いって止められて検査よ！」

私は田辺さんの二の腕を確認しました。

私「全体のバランスとしては自然だけどね」

田辺さん「最悪なのは、機械で私の二の腕光ってたの！」

私（腕、光ってたんだ）

私は田辺さんは悪党なのかもしれないと思いました。

私「運んだでしょ？」

田辺さん「運んでないわよ!!　私、税関に言ってやったよ!!　これは肉です!!って!!」

田辺さんは大声で自分の二の腕を指さして肉と言いました。

私「冗談だよ。誤解は解けたの？」

田辺さん「解けてなかったら、私は今ここにいないわよ」

私「確かに」

田辺さん「解けたけど謝りもしないで、あいつら、『ただ太いだけか』って!!!　言ったの!!!　本当に罪のミルクレープよ!!」

たぶん、罪を重ねてるってことだろうと思いました。

私「なんか楽しかった思い出とかはないの？」

田辺さん「あ！　私、韓国人に間違えられたのよ」

私「間違われてばかりだね」

田辺さん「入国カード私だけ全部韓国語。ちゃんと日本人用に日本語のあんのよ！　まあ、韓国語でも書いたんだけどね！」

私「なんで書けるの？」

田辺さん「私、韓国語勉強したからわかるのよ！」

私「すごいね！」

田辺さん「まぁね！○○××～」

そう言って田辺さんは韓国語を披露してくれました。意味を聞いたら「100万円くれてありがとうございます」でした。

田辺さん「あ！　あと、空港で働いていた韓国の男子がすごくかっこよかったのよ!!」

私「イケメンに厳しい田辺さんが！　すごくかっこよかったんだね」

田辺さん「本当、かっこよかったの！　泣いてる赤ちゃんに彼がぱっぱっ

て！　あやしててさ！

あー、私も泣けばよかった!!」

そう言って泣くふりをした田辺さんの顔は梅干しみたいでした。

それからも田辺さんは「あと空港で」とずっと空港の話しかしてくれない
ので私はつい、

「田辺さんの思い出、空港しか出てこないけど、現地の話も教えてよ」

と言うと、田辺さんは考えて

「海苔巻きが日本の半額よ」

エピソードトークが急に弱くなりました。

休日を大切にする女

ある日の朝、田辺さんから

「今日一日休みだから何するか迷うわ！」

とうれしそうな連絡がありました。

田辺さん「掃除はマストなんだけど、GUCCIの指輪買っちゃおうかしらーって思ってる」

私「GUCCIってブランドの？」

田辺さん「そう！　GUCCI！　でも今日10万円使って平気かなって思って、迷ってる」

田辺さんは自分１人で日本経済を回そうとしているところがあります。以前Apple Watchを買いに行って、その日に買えなかった悔しさから２万円のCHANELの香水を買っていました。どうしてそのような結果になるのか田辺さんに聞いてみると、

田辺さん「もう、その日にどうしてもお金使いたかったの。お金降ろしちゃったんだもの」

と、私にはよくわからない答えが返ってきました（もしかしたら田辺さんの使用するお金は紙幣ではなく生魚などで賞味期限があるのかもしれません）。そして、その3日後くらいに田辺さんはApple Watchも無事に購入していました。

私「本当にその指輪が欲しいかちゃんと考えな！」

田辺さん「今はとても欲しい！」

私「10万円の買い物だよ！『何か頑張った！』とか『何かいいことがあった！』とか、その買い物に結びつくことはあるの？」

田辺さん「何も頑張ってないよ！　何もない!!　ただ欲しいだけ!!」

この会話をしたのは（2021年）9月末でした。その次の月の10月18日は田辺さんの誕生日です。そして、その日は田辺さんのスイーツ本の発売日でもあります。

私「田辺さん来月まで待ったら？」

田辺さん「なんで？」

私「10万円の買い物は本の出版記念とか自分への誕生日プレゼントとか何かに引っ掛けたほうがいいよ！」

田辺さん「……はっ！　確かに！」

私「そのほうが思い出になるし、指輪も大切にできるよ」

田辺さん「そうね！　来月にするわ！」

その後、2人で田辺さんの有意義な休日の過ごし方を考えた結果、映画の『リョーマ！The Prince of Tennis 新生劇場版テニスの王子様』を見に行くのがいいとなり、田辺さんは「ありがとう！　良い休日になりそう！」と出かけて行きました。

その日は一日、田辺さんから"今〇〇しています"連絡が入りました。

田辺さん「デパート行ったらGUCCIの展示会あって!!　誘導されそうになった!!　危ない!!」

田辺さん「透明なエスカレーターで昇ってて、それがちょっと距離が長めなの。そしたら下のフロアにいた人が3人私に気づいて、徐々に増えて私がエスカレーター昇りきるまでに7人くらいが下から手を振ってくれた!!　すごいね!!」

田辺さん「あと30分でリョーマ!!」

田辺さん「リョーマ最高!!　頼むから見て!!」

帰宅した田辺さんから、改めて「とても良い休日だった」と連絡がありました。

私「よかったね。みんなから手を振ってもらったの？」

田辺さん「ええ！　見上げたら田辺がいるって愉快よね」

私はふと見上げたら、田辺さんが自分の斜め上に昇っているシーンを想像したらとても愉快でした。

私「しかもエスカレーターが透明って面白いね。田辺さんがよく見えるね」

田辺さん「ウケるね！　お礼に私も手を振り返したの。そのせいかね、隣の下りエスカレーターに乗っている人もすれ違いざまに田辺に気づいてハッとしてたわ」

私「すれ違いざまの田辺さんはハッとするよ」

田辺さん「まぁね！」

私は田辺さんとは長い付き合いですが、今だにすれ違いざまの田辺さんにはハッとします。

田辺さん「でもGUCCIだけが心残りよ……欲しいわ」

私「来月の誕生日に買いないよ。もし今買っちゃったら、来月の誕生日どうするの？」

田辺さん「そりゃ何も買わないよ！」

私「本当に？」

田辺さん「いや、きっと何か買うね!!　私は!!」

田辺さんは正直者です。

田辺さん「私だもの……きっと、GUCCIの指輪を超えるプレゼント探そうとするから危ないよ……本当に良いアドバイスをありがとう……万歳！ 酒寄さん万歳だよ!! あんたはヒーローよ!!」

私は田辺さんの10万円の買い物を1か月ずらしただけですが、村を救った勇者くらいとても感謝されました。

私「なんで最初は、誕生日とか何も考えずに買おうと思ったの？」

田辺さん「さあ？『買ってやったよ!!』って、したかったのかしら？」

私「『買ってやったよ!!』って、それ誰に向けてやってるの？」

田辺さん「はて？ 私は何と戦ってるのやら……日本経済かしら？」

やはり田辺さんは、日本経済と戦っているようでした。そんな田辺さんの絶対に勝てない孤独な闘いより映画のリョーマ！が気になったので、田辺さんに「リョーマ！ どうだった？」と聞いたら、

田辺さん「最高だよ!! 絶対見るべき!!」

そこから田辺さんのリョーマ！に対する熱い感想が止まりませんでした。それから話は続き、展開し、もしも手塚部長と田辺さんがコンビを組んでダブルスの試合をやったら、手塚部長の技「手塚ゾーン」と田辺さんの技の「田辺の和室」が見事両方決まって、合体必殺技「シェアハウス」になるという設定を考えて盛り上がりました。

田辺さん「こうなるとコートでの異名も欲しくなるね」

テニスの王子様はキャラクターによって、キングや神の子など異名がある
のです。

私「田辺さんの異名……じゃあ、魔界の魔に姉と書いて『魔姉』（まぁ
ね）はどう？」

田辺さん「『魔姉（まぁね）』、いいね!!　決定!!」

こうして田辺さんの休日は終わりました（ちなみに田辺さんは、本職のお
笑いでの異名は持っていません）。

真っ赤なルージュ

「この後、デパートに口紅見に行こうと思うの」

ある日のネタ合わせ終わりに田辺さんが言いました。私は暇だったので「ついてっていい？」と聞くと、田辺さんは「もちよ」と言いました。

田辺さん「真っ赤なルージュが欲しいのよね」

私「デパートの化粧品って高いんじゃないの？　お金ないって騒いでなかった？」

田辺さん「母親が商品券くれたの」

私「それはいいね」

2人で「親が突然くれる商品券やQUOカードってうれしい」という話をしていると、デパートに着きました。

「もうブランドの目星はつけてるの！」

田辺さんは、私でも知っている有名なブランドの売り場に入っていきました。2人で「親は現金はくれないけど、なぜか商品券は気前よくくれる」という話をしながらうろうろしていると、「いらっしゃいませ」と店員さ

んが声をかけてくれました。

店員さん「何かお探しですか？」

田辺さん「真っ赤なルージュを」

店員さんはすぐに何本か口紅を出してくれました。田辺さんが試し塗りを
して「どうかしら」と聞いてきました。私は思いました。

（なんかオバQみたい）

でも、オバQはオバQであの唇が似合っているので、田辺さんにも「似
合ってるよ」と言いました。店員さんも「とてもお似合いですよ。お顔が
映えますね！」と田辺さんを褒めていました。田辺さんはすぐに１本を
決めました。

「これいただきます！　あ、商品券使えますか？」

田辺さんが「もし、願い事が100個くらい叶うなら、その１つ使って前
歯に口紅がつかないようにする」と話しているのを聞き流しながら商品を
待っていると、店員さんが田辺さんに

「口紅落としていかれますか？」

と聞いてきました。田辺さんが「いえ、このまま帰ります」と言うと、店
員さんが

「え!?　絶対に落とされたほうがいいですよ!!」

と言って、田辺さんに力強くティッシュを握らせていました。帰り道、田辺さんが言いました。

「なんであの店員、とても似合うって言ったのに、落としてけって言ったの？　なぞなぞ？」

田辺さんはその口紅を買ってました。

スーパー銭湯

「ねえ、女子力上げない？」

ある日、田辺さんに誘われて2人で岩盤浴に行くことになりました。

田辺さん「ここのスーパー銭湯、すごく良いんだって！」

私「あ、岩盤浴だけじゃなくてお風呂とかサウナなんかもいろいろあるんだね」

田辺さん「リゾートみたいよね！」

そこのスーパー銭湯は、まるでリゾート地のような施設でした。

田辺さん「でもさ、私、岩盤浴って熱くて辛いのよね」

私「苦手なの？　大丈夫？」

田辺さんからのお誘いでしたが、田辺さんは熱さに弱いらしく、岩盤浴、長風呂、サウナ全て苦手なようでした。

田辺さん「辛いけど、今日一日頑張ったら3キロくらい痩せるわよね。頑張る」

私「無理はしないようにね！」

田辺さん「ええ！　頑張りすぎないようにするわ！」

私たちは割引券を使ってお得に受け付けを済ませました。

田辺さん「早速、岩盤浴に行きましょう！」

私「そうだね」

私たちは専用の服に着替えて岩盤浴に入りました。２分くらい経過した頃（あまりにもすぐだったので時間は曖昧です）

田辺さん「ちょっと探検してくるわ」

私「え、早すぎない!?」

田辺さんは私の言葉に返事はせず、颯爽と出ていってしまいました。私はまだ汗もかいてなかったのでとりあえず残り、ある程度汗をかいてから外に出ました。外に出ると、探検しに行ったはずの田辺さんが出口のすぐ目の前にある椅子に座ってスポーツドリンクを飲んでいました。

田辺さん「はーい」

私「え、あの短時間で汗かいた？　失礼だけど水分いる？」

田辺さん「いるわよ！」

私「田辺さん、すぐに出ちゃったからびっくりしちゃったよ」

田辺さん「熱くて！　酒寄さんすごいね。長く入れるなんて。ちゃんと休憩しな」

私が「私が休憩している間に入ってきてもいいよ」と言うと、田辺さんは「私、休憩は長時間できるから」と言って休憩に付き合ってくれました。

私「そろそろ岩盤浴、戻ろうか」

田辺さん「え、もう休憩終わり？」

私「田辺さん、このままだとスーパー銭湯で休憩だけして一日終わるよ」

まだ休憩していたそうな田辺さんを連れて岩盤浴に戻りました。また2分くらいで、

田辺さん「ちょっと探検してくるわ」

私「え、本当に？」

田辺さんはまたもや颯爽と出ていってしまいました。私はこの時、田辺さんは岩盤浴に入るとインディ・ジョーンズみたいになるなと思いました（探検したがるから）。私は田辺さんのことを気にせずに岩盤浴を楽しみました。たくさん汗を流して外に出ると、田辺さんは先ほどの場所にはいませんでした。携帯電話を確認すると、田辺さんから連絡が入ってました。

田辺さん「休憩スペースにいるね」

田辺さんは、探検によって先ほどの椅子よりも寝転がって本格的にくつろげる休憩スペースを発見したようでした。ちょっとおしゃれなフルーツのドリンクを飲んで休憩していました。

田辺さん「ここ良いでしょ。酒寄さんも休憩なさいな」

私「せっかくだからお風呂行こうよ」

田辺さん「え、せっかく寝転がれるのに？」

お風呂は様々な種類があり、とても広々としていました。入る前に、まず体を洗おうと洗い場で体を洗っていると隣から

田辺さん「あらら！　すみません！」

と言う声が聞こえました。隣を見ると、田辺さんが私の母親と同じくらいの年の女性に思いっきり暴走したシャワーのお湯を浴びせていました。

私「何してるの!?」

田辺さん「あらららら!!　止まらないわ!!　すみません!!　すみません!!なんかこのシャワーおかしいのよ!!」

田辺さんはパニックになり、より一層隣の女性にシャワーのお湯をかけていました。私は、おかしいのは田辺さんだと思いました。

なんとかお風呂に入ると、田辺さんが５分くらいで「限界」と言い出し、私も岩盤浴で結構疲れたので出ることにしました。

田辺さん「あらら！　すみません！」

出る前にシャワーを浴びようと、再び座った洗い場で全く同じ台詞が聞こえてきました。隣を見ると、田辺さんがまた別の女性に思いっきり暴走したシャワーのお湯を浴びせていました。

田辺さん「あ**ららら!!　すみません!!　なんなのこのシャワー!!**」

私は、なんなのは田辺さんだと思いました。

その後、田辺さんは館内レストランで「パクチーののっている料理は太らない」と謎の理論を言ってフォーを大盛りにして食べたり、水分補給と言って高級ソフトクリームを食べながら

田辺さん「やだ！　これ美味しいね！　……私さ、酒寄さんに言っておきたいことがあるんだよね」

私「どうしたの？　急に」

田辺さん「うふふ……私さ、やっすいコーンのソフトクリーム好きなのよね。これも美味しいけど。ソフトクリームにふれるとすぐふにゃふにゃになるようなコーン……酒寄さんには知っててほしくて」

と、遠い目をして夢を語るようにソフトクリームのことを語ってきました。この日、田辺さんは 2 キロ太ってました。

ダイエット

田辺さんはごく稀にダイエットをします。

最近もどうやらダイエットを始めたみたいで、オートミールに手を出した
ようです。

田辺さん「オートミール、本当にオススメだよ！　内側から変わる！」

と、しきりに勧めてくるのですが、数年前、私がオートミールを朝食に食
べてると言ったら

田辺さん「オートミール食べてるの、酒寄さんとムーミンくらいだよ！」

と、言われたことを私は忘れていません。

この出来事はいつか戦うとして、ダイエットに話を戻します。田辺さんは
ダイエットを始めると、

「私が本気出したらすごいよ！」

と謎の自信を見せます。最初は本当に頑張るのですが、気がつくとダイ
エットのLINEグループに嘘の食事報告をしたことがばれて退会させられ
たり、「今度こそ絶対痩せます！」と、決意宣言をしたツイッターの固定

ツイートをひっそり消去したりしているところを私は近くで見てきました。田辺さんのダイエットのことで2人で大喧嘩をしたこともありました。田辺さんが

「私は本気出したら一瞬で痩せる。ギャル時代も20キロダイエットに成功したから」

と、昔は自分、悪だった自慢みたいにいつまでも過去の栄光にすがって自慢話をしてくるので私が

「今、痩せろ」

と言って大喧嘩になり上野公園で2人して泣きながら仲直りをしました。今考えると、なんであそこまでぶつかり合えたのか謎です。

「ダイエット始めた途端に、周りが邪魔してくるのよ」

私と田辺さんがまだコンビだった頃の話です。ある日、田辺さんがそう言いました。その時はネタ作りをしていて、ダイエット中だったはずの田辺さんがフライドポテトを食べ始めたので、「ダイエットはどうしたの？」と私が言った直後でした。

私「どういうこと？」

田辺さん「焼肉に誘われたり、ケンタッキーにお呼ばれされたり、食べる誘いが増えるのよ」

私「田辺さん、ダイエットする前から食べ続けてるから、誘いの数は変わ

らないよ。『田辺さんは食う』って歴史が続いてるだけだよ」

田辺さん「食欲本能寺の変ね」

私は食欲本能寺の変については触れず、田辺さんのいい訳を指摘しました。

私「ダイエットへのいい訳がすごいね」

田辺さん「いや、みんなが悪いよ。ダイエット中だって言っても、どーせ3日で終わるよ、とかちょっとだけなら大丈夫だよ、行こう行こう！って言ってくるのよ!!」

私「で、行くんでしょ」

田辺さん「行くよ！」

私「行っちゃダメだよ」

田辺さん「私はね、自分を犠牲にしてみんなを幸せにしたい」

田辺さんは、かっこよく根性のなさを伝えてきました。田辺さんはダイエット回避に関しては頭がフル回転できるのです。

田辺さんは、以前もダイエット中にポッキーを食べていたのを指摘したら

田辺さん「こいつが誘惑してきたのよ!!　こんな肌色の部分出して、触れって言ってるようなもんだよ!!」

私「そりゃ、持つところだから」

と痴漢みたいないい訳をしてきたことがありました。

田辺さん「ねえ、一番楽なダイエット方法って結局何なのかしら？」

私「一番楽なダイエットは太らないことだよ」

田辺さん「哲学的な話はやめて!!」

私「運動と腹八分目じゃない？」

田辺さん「腹八分目って何なのかしらね？　満腹ならわかるけど八分目ってわからないわ。なんでみんな"今八分目だ！"ってわかるのかしら？　だってお腹空いてるってことよね？　どうしてそこでストップできるの？　途中じゃない？」

私「哲学的な話はやめて！」

田辺さん「食べても太らないんですって言いたい……」

私「それは遺伝だからどうにもならないね」

田辺さん「はっ!!　私が太ってるのは親のせいだよ!!　これ遺伝だもの!! 訴えるわ!!」

田辺さんはダイエットの話から突然、物騒なことを言い出しました。

田辺さん「私、親を訴えなきゃいけないよ!!　裁判だよ!!」

私「その発想はなかったわ」

田辺さん「有能な弁護士がこう言うんだよ……。『この子は確かに深夜に焼きそばを食べました。でも考えてください！　それは太っちょにとっては仕方がないことなんです！』」

田辺さんの演技力では、有能な弁護士は、ただ深夜の焼きそば食いをいい訳する田辺さんにしか見えませんでした。

私「有罪？」

田辺さん「静かに！　裁判長は私よ！」

裁判長になった田辺さんは言いました。

田辺さん「判決……全部遺伝が悪い!!　しかし、美人に産んでくれたことは親に感謝するように!!」

私は、田辺さんがちゃんと親への感謝の気持ちを持っているようなのでよかったと思いました。

写真

「今日のみたらしちゃんの写真ある？」

このひと言は、私の息子が生まれた日から1日も欠かさずに田辺さんが私に送ってくるLINEの一文です。もうすぐ日付が変わりそうで「今日はもうこないかも」と思っている日も、

「ぎりぎりセーフ！　遅れてごめん！　今日のみたらしちゃんある？」

と、滑り込みできた誕生日おめでとうメッセージのような連絡がきました。

田辺さん「はーい！　アロマオイル買ったわ！　今日のみたらしちゃんある？」

その日も今日の田辺さんプチ情報と共にいつもの連絡がきました。私はその連絡をもらって、よく考えたら田辺さんはなんで毎日息子の写真を要求してくるんだろうと思い、

「アロマ良いね！　何の匂いにしたの？　あと、なんで毎日写真ちょうだいって言うの？」

と、本人に聞いてみました。

田辺さん「アロマはズキズキとスヤスヤよ！」

私「スヤスヤは不眠に効くのかしら？」

田辺さん「そうよ！」

私「ズキズキは何かしら？」

田辺さん「当ててみて！」

私「そうね、恋煩いかしら？」

田辺さん「あら！　ロマンチストね！　片頭痛よ！」

私はLINEだと田辺さんの口調が移りやすく、たまにお嬢様同士の会話のようになります。ちなみに田辺さんの買ったアロマオイルの効能はわかりましたが、匂いについては今もわかりません。

田辺さん「写真はね！　なかなか会えないからみたらしちゃんを見たいっていうのも、もちろんあるけど」

私「けど？」

田辺さん「子供って、あっという間に大きくなっちゃうでしょ」

私「うん」

田辺さん「お母さんとかお父さんって、毎日の子育てに追われるから写真

とか撮るの忘れちゃったりするじゃない」

私「うん」

田辺さん「だからさ、私が写真ちょうだいって言うことで写真を撮る理由が生まれるでしょ」

私「確かに、私、もともとは写真って全然撮らないから、田辺さんからちょうだいって言われなかったら、普段の何げない息子の写真とか撮り忘れてたかもしれない」

田辺さん「本当に子供はあっという間に大きくなるからね。思い出はたくさん残しておいて悪いことないよ」

私は、田辺さんがすごく私たち親子のことを考えてくれていることに感動しました。

田辺さん「って、『ちびまる子ちゃん』の友蔵がたまちゃんのお父さんに言ってたの」

田辺さんの台詞はそのまま友蔵の台詞でした。田辺さんの話によると、アニメのちびまる子ちゃんで、友蔵のひと言でたまちゃんのお父さんが娘の成長に気づく話があったそうです。

田辺さん「アニメでこの話を見た時、友蔵はなんて素敵なこと言うんだろうって思ったよ。この話の回のせいで、たまちゃんのお父さん、カメラ馬鹿になったんだけどさ」

私「あ、たまちゃんのお父さんのカメラキャラって友蔵のせいなんだ」

田辺さん「そうだよ！　しかも、ああ見えてたまちゃんのお父さん、自分のことオレって言うのよ！」

私「意外だね！」

田辺さん「『オレはカメラマン』って曲もあるらしいよ」

私「そんな歌あるんだ。田辺さんなら『私は楽屋で寝る女』だね」

田辺さん「確かに！　私は本番でも寝るしね！」

私は、本番では寝るなって思いました。

田辺さん「あれ、何の話だったかしら……？」

私「友蔵が田辺さんを感動させた話だよ」

田辺さん「そうそう！　私、本当にこの話が大好きで、笑いの中に大事なことが詰まってて、自分もいつか友蔵みたいに誰かにこういうこと言ってあげたいなって思ったのよ」

私「田辺さん……」

田辺さん「酒寄さんに言うことができて本当にうれしい」

私は最初、田辺さんは何を言ってるんだろうと思いましたが、話を聞いて

みるととても素敵なことを実践してくれていることがわかりました。うれしそうに友蔵の話をしている田辺さんの心の中に、私は友蔵の優しさが見えた気がしました。

田辺さん「これからも写真ちょうだいって言っていいかしら？」

私「もちろんだよ！」

田辺さん「まぁ、毎日はやりすぎかな？　とも思うんだけどね！　みたらしちゃん見ると元気が出るの！」

数時間後、田辺さんから連絡がきました。

田辺さん「ごめん。あれ友蔵じゃなかったかもしれない」

私は、そんなことある？　って思いました。

酒寄さん、

これは当たらないでしょうね！

ぼる塾メンバー持ち寄り

ザ・田辺クイズ対談

人が転ぶのが
一番面白いのよ。（田辺）

田辺さんは、本当に人の
失敗を笑うよね（笑）（酒寄）

田辺　私のクイズはねぇ、いくら酒寄さんでも、当たらないわよ。

酒寄　当てに行きますよ！

田辺　Q1 いま頭に浮かんだ英語は？

酒寄　「Happy！」

田辺　当たり！　おかしいな…手に取るようにわかられてる。ではQ2 昨日見た夢はなんでしょう。

酒寄　見た夢を報告してこないってことは、うれしくも、怖くもない普通の夢のはず。あんりちゃんとはるちゃん

が出てきたでしょ？

田辺　いいえ。推しとデートしてました。へへへへ（笑）。

酒寄　えー報告してよ〜。亀梨くん？

田辺　そう♡ 番組で共演してそのまま"釜焼きピザ"を食べに行くという、あまりにも自分に都合のよすぎる夢だったから、逆に恥ずかしくて言えなかったの。では、Q3 今日一番最後に聴いた曲はなんでしょう？

酒寄　亀梨くんの夢を見たってことは、そのあとにKAT-TUNの曲聴いた？

田辺　よくわかったね。

酒寄　わーい正解。

田辺　簡単すぎない？　私のクイズ。化粧をしながらKAT-TUNの新曲を聴

240

いてました。**Q4 子供の頃の夢は？**

酒寄 薬剤師？　テレビで言ってたのを見たよ。

田辺 確かに儲かるから薬剤師だったこともあるけど、もっと小さい、一番最初の夢。

酒寄 アイドル？　警察官？　幼稚園の先生？　あっ……ガム！

田辺 正解（笑）！　なぜガムになりたかったのかは私にもわからないんだけど、母親がそう言ってました。子供時代の私は発想が飛んでいたんだよね。月を見て「恐竜の卵だ！」って叫んだり、学校のストーブを見て「機関車だ！」って思ってポエムを書いたら、それを先生が県の大会に出してくれて、本に載ったり。子供の頃のほうが、夢があったんでしょうね。

酒寄 すごーい！　今は？

田辺 もう夢も見なくなっちゃったよ

…。お金持ちになりたいとか現実的。

酒寄 でももしガムになってたら、味がなくなってポイされてたかも。

田辺 確かに。じゃあ金持ちになって、日本経済をなんとかしていくか。**Q5 私が最近爆笑したことは？**

酒寄 あんりちゃんがタクシーを降りる時に「ごちそうさまでした！」って言ったこと。

田辺 あははは（笑）。それも大爆笑！　本当にびっくりしたよ。食べ物のロケの後だったからかな。でも正解は、最近3人で沖縄ロケに行った時に、石段を登ったら海が見えて、あんりがテンション上がって「わー海だ！」って走り出した瞬間に転んで大爆笑！

酒寄 田辺さんは、本当に人の失敗を笑うよね（笑）。

田辺 人が転ぶのが一番面白いのよ。

*はるちゃんは掃除をしたり、
田辺さんの洗濯物も畳んで
くれたり。共同生活、
助かってるよね？（酒寄）*

*本当の「好き」は簡単に
口にしちゃいけないよ。
「好き」を軽く扱うな、
と私は言いたい！（田辺）*

田辺 Q6 はるちゃんとの共同生活で一番困っていることは？

酒寄 田辺さんよりも先に、いろいろやってくれちゃうこと。

田辺 違います。正解はいつも「好きー」って言ってくること。

酒寄 幸せじゃないですか。

田辺 あのね、気持ちがこもっていればまだいいの。でも、はるちゃんの場合はなんとなく言ってるだけなのよ。

酒寄 ずっと付き合ってるカップルみ

たいな（笑）。言っときゃいいっていう。

田辺 そもそも本当の「好き」は簡単に口にしちゃいけないよ。だから私は1回も返さないの。「好き」を軽く扱うな、って。そんなQ7 共同生活で一番助かっていることは？

酒寄 これこそ、掃除を進んでやってくれたりじゃない？ 田辺さんの洗濯物も畳んでくれるんでしょ？

田辺 そうなの。やってくれちゃうから、逆に困ってる。

酒寄 田辺さんが成長できないから？

田辺 そう。助かっていることは、初めて実家を出た私と、一緒にいてくれること。最初から一人暮らしだったらものすごく不安で寂しかったと思う。だからはるちゃんの存在そのものが、助かっているよ。

酒寄 「好き」よりよっぽど重いけど。

田辺 そんな私のQ8 部屋のインテリアのテーマはなんでしょう？

酒寄 和室でしょ？ 「混沌」。

田辺 あははは（笑）。それだ！ 私の部屋は散らかり放題だから「自由」がテーマだったけど、あれは自由ではない、「混沌」だわ！ Q9 私が今悩んでいることは？

酒寄 私って一体、何者なんだろう。

田辺 それもう宇宙。まあそう思ったことも確かにあったよ。でも今は違う。

酒寄 髪質？

田辺　違うね。これは当たらない。

酒寄　もっと漫才上手くなりたい？

田辺　違う。違うっていうのもあれだけど…（笑）。正解は巻き爪。これ本当に痛くて深刻で、人にも見せられないからサンダルも履けないの。でも、おかずクラブのゆいPさんもそうだって聞いて、みんな悩んでるんだってちょっと安心。次行くよ。**Q10 私がつい歌っちゃう鼻歌は？**

酒寄　田辺さんが鼻歌歌ってるイメージないな。

田辺　いつも心の中で歌ってるからね。

酒寄　松浦亜弥の『桃色片想い』。

田辺　あれは人生のテーマソングだ。

酒寄　『川の流れのように』。もしくは『ヨーデル食べ放題』？

田辺　ブー！　正解は、『恋のヒメヒメぺったんこ』でした。

酒寄　『弱虫ペダル』のだ。

田辺　そう！　自転車競技のアニメで、主人公の小野田坂道くんが、この歌を歌いながら坂道を登るの。だから私も、自転車に乗る時は口ずさんでしまうんです。いい曲だね、アガるね。**Q11 健康に気をつけていることは？**

酒寄　Apple Watchをつける。

田辺　よく当てるね（笑）。

酒寄　前、漫才中につけてて、衣装かと思っていたら私物でした（笑）。

田辺　Apple Watchで心拍を測って、

心臓に影響がないかをみてる。あと歩数も数えてくれたりするから、これで健康管理をしています。そんな私の**Q12 今朝の朝食は？**

酒寄　オートミール？

田辺　惜しい。最近は玄米粥に梅昆布を乗せたものが好き。**Q13 今私が酒寄さんにアドバイスしたいことは？**

酒寄　わ、聞きたい。えーっと「もっと人と関わったほうがいいよ」？

田辺　違います。

酒寄　「もっとおしゃれしたほうがいいよ」とか「もっとお笑い頑張って」？

田辺　これは絶対に当たらないでしょう。正解は「フライドポテトは美味しいよ」。酒寄さんって、食べ物で唯一フライドポテトが苦手じゃない？でも私は本当に好きで、ライブでもそれについて語る時間を設けるぐらい。だから「フライドポテトは怖くないよ！」と声を大にして言いたいの。

お化けは見えるんじゃないんだよ。感じるものだから。もし見えない場合は念でやっつける。（田辺）

田辺 Q14 次にハマる食べ物は？

酒寄 沖縄帰りだから…ソーキそば？

田辺 正解！　最近沖縄に行ってたんだけど、正直、沖縄って食べ物より海だろうって思ってたのね。でも実際に行ったら、沖縄料理はすごく美味しくて。ソーキそばはリブ肉がとんでもなく美味しいし、2店舗目に行ったお店は麺がもちもちで！

酒寄 「このソーキそばのお汁みたいに透き通った人間になりたい」ってLINEがきたもんね（笑）。

田辺 道の駅で売ってた"泡盛とレーズンのアイス"も揚げたてのサーターアンダーギーも、ちんすこうも。沖縄は、スイーツひとつとっても、自分たちの文化やこだわりを大事にしているの。たとえば今流行りの"マリトッツォ"も"フルーツ大福"もいいけれど、流行りに乗っかって同じものを出しておけばいいわけじゃないんですよ。おのおのの良さがあるんだから。そこでハッとしたんです。それぞれの土地でいいものがいっぱいあるはずなのに、

私、忘れてたな、って。

酒寄 新たな発見。

田辺 そもそも私はアイスが苦手なのに、「おっぱ乳業」のジェラートは最高だった。レーズンをラムではなく泡盛とあわせるなんて！　サーターアンダーギーだって、お土産でもらうサーターアンダーギーだけがサーターアンダーギーだとは思ってほしくない。道の駅で食べた揚げたては最高なんだから。だから次にハマるのは、沖縄全体です！　そんな私がQ15 食レポの時に気をつけていることは？

酒寄 「美味しい」を連発しない？

田辺 する（笑）。

酒寄 嘘をつかない？

田辺 （黙って頷いて）…どうするこれ、当たっちゃってるよ。じゃあこれはどう？　Q16 右手には牛丼、左手には？

酒寄 田辺さんのことだから、左手には生卵で美味しくいただく。

田辺　ごめんなさいね、全然違うね。右が牛丼なら、左は可愛いものに決まってるじゃない。だから、セーラームーンの"キューティムーンロッド"。牛丼だけだと可愛さに欠けるでしょ。私、牛丼戦士にでもなろうかな。**Q17 私が全力で走る時、何が起きた時？**

酒寄　亀梨くんが遠くに見えた時。

田辺　ダメだよあんた、亀梨くんの前では絶対に走りたくないよ！　はぁはぁってなるし、髪の毛もシャーっと乱れてる状態で会いたくないよ。私が走るのはね、焼き立てパンが並んだ時だけだよ。焼き立てパンの魅力といったらすごいからね。ただ、焼き立てすぎるのもよくないの。熱々の状態だとまだ味が馴染んでないから、ちょっと時間をおかないと。封が開いてるからいい匂いに惑わされるんだけど、食べちゃダメだよ。

酒寄　わかった。

田辺　**Q18 1億円使うとしたら何に？**

酒寄　ハワイに移住。

田辺　うーん、意外とすぐになくなりそうだな。なんだかんだ言って日本は好きだし捨てたくないから、海外旅行かな。ハワイ、ニューヨーク、フィリピン、カンボジア、フランス、台湾、シンガポールに行こうかな。

酒寄　むちゃくちゃ！（笑）

田辺　全部ファーストクラスで、最高級のホテルに泊まる。とはいえ、ひとりで使いきれなさそうだから、ぼる塾みんなで行こう。みたらしも連れて。

酒寄　うれしい。

田辺　海外でもぼる塾のYouTube撮って、そこでまた稼ごう。

酒寄　ぼる塾inフランスのナレーションやるね。

田辺　**Q19 お化けが出たら？**

酒寄　叫んでその場に腰を抜かす。たとえばテレビから貞子が出てきたら…。

田辺　あんた、私は戦うよ。そりゃ本当は逃げたいけど、負けてらんないから竹刀で叩きつけるよ。

酒寄　すごい！

田辺　ちなみにお化けって見えるんじゃないんだよ。感じるものだから。もし見えない場合は念でどうにかやっつけるしかないね。

しんぼると一緒に組んだら
絶対に売れるって思ってた。
"体を張らない"という意志
も同じだったの。（田辺）

田辺 Q20「ぎゃー！」何が起きた？

酒寄 太った？

田辺 違う。正解は、うちのじいさんが干し柿を作って冷蔵庫の中で腐らせたこと。干し柿の周りにつく白い粉がカビだったんだよ。それを近所に配ろうとしてて「ぎゃー！」だったよ。じいさんは「ぎゃー！」なことしかしなくて、今90歳で彼女が6人いるんだけど、それでも公園にいるばあさんナンパしてご飯おごったりしてるの。

酒寄 あはは（笑）。

田辺 酒寄さんのことも女として見てるから、気をつけなよ。前、テレビののど自慢に出た時は気合い入れすぎて、

ネクタイ3本つけて出たもんだから、今でもそのプロデューサーに覚えられてるよ（笑）。いまだにピンピンしてて、毎日米5合食べるんだよ。困ったね。Q21世間に物申したいことは？

酒寄 SNSで「私事ですが……」って書くことについて。

田辺 正解だよ。「私事ですが、結婚しました」って、SNSは全部、私事なんだよ。それからフォロワーが10人でも、全世界に発信していることを忘れないでほしいし、変なことを言わないほうがいい。もちろん表現の自由はあるけれど、あまりにも意識の低いことを発信するなら、鍵をかけるべき。

酒寄 田辺さんは前から、SNSに物申してるよね。「このマスクは私には大きすぎるから、もっと小さいのを作ってほしい」っていう投稿を見て、ここに書かずにマスク会社に連絡しろ！　と怒ってたし（笑）。

田辺 私は顔が小さいですよ、って遠回しにアピールしてるだけ。私だったら、顔小さいからマスク大きいわ、って書くわ。Q22 今、頭に浮かんだ四字熟語は？

酒寄 "食欲旺盛"。

田辺 正解は"温故知新"。ヒプノシスマイクのラップで知ったの。四字熟語はこれしか知りません。Q23 今、ぼる塾に思うことは？

酒寄　当てに行くよ、"ありがとう"。

田辺　それもそうなんだけど、正解は"4人が出会ったことが奇跡"。

酒寄　猫塾としんぼる、どっちかがうまくいってたらぼる塾はなかったし、あんりちゃんが芸人を辞めるって言い出したことも、はるちゃんが辞めないでって止めたことも全部必要だった。

田辺　酒寄さんがあのタイミングで妊娠しなかったら、猫塾としんぼるが一緒にネタをやることもなかった。そう考えると、すべてが奇跡だと思う。

酒寄　最初は私は、しんぼるという面白い後輩女芸人が出てきてすごく怯えてたけど、田辺さんが手足になってしんぼるの2人と仲良くなってくれて。フライドポテトじゃないけど、しんぼる怖くないよ、って教えてくれたから。

田辺　私は、しんぼると一緒に組んだ

ら絶対に売れるって思ってた。ただ唯一心配だったのが、体を張ること。やりたくないんじゃなくて、私にはできないから。それを2人に最初に確認したら「体は張らないです」ってきっぱり。あ、同じだ、これならできるって。

酒寄　俳優さんがいろんな演技の見せ方があるように、芸人もこれからはそれぞれのいいところを見せていきたい。

田辺　では最後。Q24 一句読みます。

酒寄　「女たち　"まぁね"があるよ使ってね」

田辺　いい句！　やだ、それ私が言ったことにしてほしい。

酒寄　正解は？

田辺　「酒寄さん
　　　　本の出版
　　　　　おめでとう」

酒寄　帯に書いてもらえますか（笑）？

247

猫塾編

田辺さんとの思い出

私は猫塾時代、ほぼ丸坊主のような頭でガリガリに痩せていたので養成所などでも「大丈夫？　ご飯食べてる？」と、よく心配されました。いつも私と一緒にいる田辺さんはとくに心配だったようです（田辺さんが「私が酒寄さんの養分を吸っているって言われたわ！」と言っていました）。

ある日、ネタ合わせの前に田辺さんから連絡がきました。

田辺さん「はーい！」

私「どうしたの？」

田辺さん「酒寄さんって、手作りのご飯って大丈夫かしら？」

私「うん。大丈夫だよ」

田辺さん「今日、ご飯の差し入れしてもいいかしら？」

私が「わー、うれしい！　ありがとう」と言うと、田辺さんは「自分家<ruby>家<rt>ち</rt></ruby>用ので作りすぎたものよ！　だから大したことないから！」と言ってネタ合わせに持ってくる約束をしてくれました。（ご飯の差し入れって煮物とかカレーとかかな）と思い、私は田辺さんの優しさに感謝しました。

田辺さん「はーい！」

待ち合わせ場所に行くと、風呂敷を持った田辺さんが立っていました。

田辺さん「はい。これ」

私「ありがとう」

田辺さん「大丈夫だと思うけど、一応確認して」

風呂敷を開けると保冷バッグが入っていて、

中には、一枚一枚ラップに包まれたパンケーキが10枚入っていました。

一緒に、朝食バイキングにありそうな小包装のメープルシロップ２つと、
紅茶のティーパッグが２つ入っていました（１食５枚計算？）。

田辺さん「食べきれない分は冷凍できるから！　あと、これも！」

手渡しで韓国海苔。

田辺さんのパンケーキの差し入れは５年くらい続きました。

稽古の差し入れ

お笑いライブにはいろんなコンビが集まって大人数でコントをするユニットコントライブというものがあります。ユニットコントライブをする時はコンビでネタを披露する時と違い、事前に集まって皆で台本を作ったり稽古をしたりします。その稽古の時に、食べるお菓子や飲み物は先輩が持ってくるという風習がありました（だいたい行く途中にコンビニで買ってくることが多いです）。

「酒寄さん、私すごく悩んでるの。」

ユニットコントの稽古帰りに田辺さんがそう言いました。稽古は皆が集まりやすい深夜になることが多く、その時も徹夜明けで電車を待っている時でした。私が「どうしたの？」と尋ねると、

「稽古の時の差し入れのお菓子のことなんだけど」

「ユニットコントのことじゃないんだ」

「ほら、私、ネタ書けないから基本的に台本作る時は祈ることしかできないじゃない」

「田辺さん居眠りしてたよ」

「目を瞑りながら祈ってたのよ！　それに、私演技もよくわからないから見せ方のアドバイスも出来ないでしょ」

「田辺さんがやると全部田辺さんになるもんね」

「ええ、たぬきをやっても田辺になるし、『ちびまる子ちゃん』の小杉をやっても田辺なったわ」

私は『ガラスの仮面』のパロディーコントをした時、田辺さんが北島マヤ（ガラスの仮面の主人公の天才女優）っぽい役をやって、田辺さんが田辺さん（マヤ）になり、さらにその上で様々な田辺さんを演じていて田辺さんのマトリョーシカ状態だったことを思い出しました。

「だから差し入れのお菓子くらいは頑張りたいんだけど、お金もそんなに持ってないから豪勢にパーっと！　ともいけなくて迷ってるのよね」

「田辺さん、この前シフォンケーキ焼いてきてくれたじゃん。あれ皆喜んでたよ！」

「まあね。……でもシフォンケーキは差し入れだと生クリームが添えられなくてベストな状態で提供できないから……本当は嫌なの。あの時の私のシフォンケーキは完璧じゃない……。
……酒寄さん!!　私悔しい!!」

そんな話をしていると電車がやってきて私達は乗り込みました。電車の中でも田辺さんの悩みの話は終わりません。田辺さんは続けました。

「だからね（？）、ネタ書けなくて演技もできなくて金もない私だけ

ど、後輩に『田辺さんとライブ一緒になれて良かった！　やった！　万
歳！』って思われたいの」

「田辺さん図々しいね」

すると、突然田辺さんが

「そうだわ!!」

と何かを閃いたようでした。

「酒寄さん、次の稽古の差し入れ期待していて」

次の稽古の時、田辺さんと一緒に向かう為に待ち合わせ場所に行くといつ
もより大荷物の田辺さんがいました。

「はーい」

「田辺さんなんか荷物多いね」

「ええ。タピオカセットよ」

「え、タピオカ？」

「今日の私の差し入れはタピオカよ！」

「タピオカって、いったいどう持って来たの？」と聞くと、黒糖で煮て
タッパーに入れてきたと教えてくれました。

「なんかさ、黒糖でタピオカ煮てる時、運動部のマネージャーの気分だったわ」

私は何部だろうと思いました。

「酒寄さん、稽古の休憩までタピオカは秘密よ」

そして稽古の休憩の時、田辺さんは動きました（稽古中は動いていませんでした）。

「はーい。田辺のタピオカ屋さんよ」

田辺さんは大きなタッパーに入れたタピオカを出し、小さいプラスチックのコップやタピオカ用の太めのストローなど次々にカバンから出しました。

「本当にタピオカだ！」

「わーすげー！」

「飲み物は３種類あるわよ。ミルクティー、オレンジ、パイナップルジュース。好きなの言ってねー」

「うわ!!　本格的!!」

みんなとても驚きました。後輩が「オレ、稽古でタピオカの差し入れって初めてっす」と言っていて、私も心の中で（私も）と思いました。

「酒寄さん、田辺さんってすごいですね」

田辺のタピオカ屋さんでミルクティーのタピオカをもらった後輩が私に話しかけてきました。

「すごいよね」

「すごいです」

田辺さんは他の後輩の「パイナップルって合うんですか？」と言う質問に

「あんた良い質問だね！　私もともとパイナップル緑茶タピオカが好きでさ！　ある日、これはパイナップルジュースも合うんじゃないかって……（以下略）」

と、生き生きと答えていました。私に話しかけた後輩が言いました。

「ミルクティーもめっちゃうまいっすよ」

「田辺さん皆を喜ばせたかったみたいだよ」

「めっちゃうれしいです！　なんか田辺さん、スーパーの試食販売の人みたいですね！」

残念ながら運動部のマネージャーではありませんでした。あとで田辺さんに「タピオカの差し入れどうやって思いついたの？」って聞いたら、「自分が飲みたかったら」って言ってました。

バレンタインデー

田辺さんはお菓子作りが得意です。本人いわく「茶色いお菓子しか作れない」そうですが、田辺さんの作るチーズケーキやクッキーはとても美味しいです。

「ハッピーバレンタインよー！」

田辺さんは養成所時代から、毎年バレンタインは手作りのお菓子を配っていました。最初は仲の良かった同期の芸人に配っていましたが、社交的な田辺さんは年々仲の良い先輩後輩芸人も増え、スタッフさんたちとも仲良くなり、

「今年は20人分も作っちゃったわー」

「すごいねー」

なんて会話をするようになりました。気がついたら田辺さんはバレンタイン、自分と同じライブに出る芸人ほぼ全員に配るほどになっていました。それはある年のバレンタインに起こりました。

「酒寄さん、大変よ!!」

1月の中頃、田辺さんが焦って言ってきました。私が「どうしたの？」

と尋ねると、

「今年のバレンタイン当日に『needs』があるの!!」

needsとは吉本の若手芸人がたくさん出るコーナーライブです。田辺さんは言いました。

「出演者100人以上出る!!　バレンタイン100人前以上作らなくちゃ!!」

私が「さすがにそこまでやらなくていいよ」と言うと、田辺さんは「でもバレンタインよ!!」と言ってきました。

私「仲の良い人に配ればいいよ」

田辺さん「みんな仲良しよ!!」

私「田辺さんがあげたい人にあげればいいじゃん」

田辺さん「そうよね!!　バレンタインあげてもそんなに喜ばない男芸人より、すごく喜んでくれる女芸人にあげたいわ!!　でも男芸人もみんな優しいからすごく喜んでるリアクションとってくれるの!!　誰が、実はそんなに喜んでないのかわからないわ!!
やだ!!　人間って怖いね!!」

田辺さんに「ちょっと落ち着きなよ」と言うと、田辺さんは「そうね！落ち着くわ!!」と言って材料費の計算をし始めてまた動揺していました。

そしてバレンタイン当日。田辺さんはものすごく大荷物で劇場にやってき

ました。

田辺さん「結局、3日かけて120人前作ったわ」

田辺さんは、「全然寝てないから、今日のライブは大人しくしているわ」と、本末転倒なことを言いながら、「5種類あるから選べるの。マドレーヌ、チーズケーキ、ガトーショコラ、クッキー、クリームチーズブラウニー！」と、お菓子を配る準備を始めました。

田辺さん「はらさん（ゆにばーす）には、絶対あげたいから確保しておくわ。足りなくなる可能性あるからね」

私「うん。絶対あげたい人のは、よけておいたほうがいいね」

田辺さん「酒寄さんには今あげておくわ！　ハッピーバレンタイン！」

私「あ、足りなくなったら悪いから、私の分は余ったらでいいよ！」

田辺さん「私があげたいんだから受け取りな!!　気を使って言ってるのはわかるけど、その気遣いは逆に人を傷つけるからやめたほうがいいよ!!」

この時の田辺さんのひと言は、それからの私の人生に影響を与えました（田辺さんに言ったら「全然記憶にないわ」と言われました）。

田辺さんが「誰にあげたかわからなくなりそうだから隣にいて、『あげた』『まだあげてない』って囁いて」と頼まれたので、その日は田辺さんが手作りのお菓子を配る隣で、「あげた」「まだあげてない」と囁きながらついて回りました。

私「まだあげてない」

田辺さん「ハッピーバレンタイン！」

私「まだあげてない」

田辺さん「ハッピーバレンタイン！」

私「もうあげてる」

田辺さん「危なかったわ」

配っている途中、田辺さんに「本命はないの？」と聞くと、「ないね」と即答されて、なんで彼女はこんなに頑張ってるんだろうと思いました。

私「まだあげてない」

田辺さん「ハッピーバレンタイン！」

しかし、田辺さんが手作りのお菓子を渡した時に、「ありがとう！」と喜んでくれる芸人やスタッフさんを隣で見ていると、何もしていないのになんだか私までうれしくなりました。渡し疲れて椅子にめり込んでる田辺さんに

「田辺さんって、本物のステラおばさんだね」

と言ったら、

「やだ、私ステラおばさん、全然似てないわよ！　長州力のほうが似てるわ」

って言われました。

アルバイトの話

以前、田辺さんと私は同じアルバイトをしていたことがあります。そのアルバイトは芸人の仕事に理解があり、女芸人も多数働いていたので、仕事は大変でしたがとても楽しく働いていました。田辺さんは早朝シフトに入ると、仕事あがりにその日一日で朝稼いだ分（来月入る給料）を全部使って、

田辺さん「またやっちゃったわ！」

と言って、強気になって買ったお高めのパンなどを抱えてよく絶望していました。

ある日の休憩時間、新しく入った後輩の女芸人に話しかけられました。

後輩「酒寄さん！　ここのバイトしてる女芸人は売れるって本当ですか？」

私はその話を初めて聞きました。

私「そうなの？」

後輩「私、田辺さんからそう聞きましたよ」

私「田辺さんも誰かに聞いたのかな？　私より田辺さんのほうがここの

バイト長いから」

後輩「もし本当なら私、売れたいです！」

私「私も！」

次の日、たまたま私は田辺さんとそのアルバイトに一緒に入っていたので、昨日後輩に聞いた話を確認することにしました。

私「田辺さん！　ここで働いてる女芸人って売れるの？」

田辺さん「え？」

私「昨日、後輩の子が田辺さんから聞いたって言ってたんだけど」

田辺さん「ああ！　言ったね！」

私「本当なの？　誰から聞いたの？」

田辺さん「それね！　私が作ったの！」

私はこの手のジンクスを作った本人に初めて辿り着きました。

私「え、田辺さんが言い出したの？」

田辺さん「なんか、朝のバイトに入ってる○○さん（一般の方）が、『人が足りなすぎて全然休みが取れない』って言ってたの聞いて、シフト作ってる社員さんも『人いなくてシフト作るの大変』って言ってたし、あ

らーって思って。売れるって言ったら女芸人集まるかなーって！」

私「じゃあ、嘘なの？」

田辺さん「嘘じゃないよ！」

私は田辺さんがこの後「私たちが売れたらいいのよ！」と続けるのかなと思っていると、

田辺さん「上京してきたばかりの頃のガンバレルーヤが1回だけここでバイトしたから（田辺さんの紹介で入ったけど、すぐバイトが必要じゃなくなり1回で辞めた）、ここで働いたら売れるはギリ、嘘ではないよ！」

田辺さんは一休さんのような無茶苦茶なことを言ってきました。でも、バイト仲間や社員さんのために一休さんになった田辺さんは優しいと思いました。

私「田辺さん、言ってること無茶苦茶だけど、みんなのこと考えて優しいね」

田辺さん「いや、本当に優しかったら私がシフト増やしてるよ」

そんな感じで楽しく働いていた私たちですが、ある時、ちょっとしたことからアルバイトと社員さんの間で仕事のことですれ違いが起きました。詳しい内容は覚えていないのですが、どちらが悪いということではありませんでした。

田辺さん「私がいつか社長にガツンと言ってやるわ！」

そのアルバイト先は、シフト変更などをスムーズにするために社員さんが作ってくれたLINEグループがあり、アルバイトはみんな入っていました。そのLINEグループに田辺さんがそう書き込んでいました。私は（田辺さんはすごいな）と思いました。数時間後、携帯電話を見ると、田辺さんから私へ個人的にLINEが送られてきていました。

田辺さん「あんた、あのLINEグループに社長も入っているのなんで教えてくれないのよ!!」

確認したら、LINEグループでは社長が田辺さんに謝罪していて、その後田辺さんがめちゃくちゃ恐縮した返信をしていました。

弟

田辺さんとお互いの近況を話していた時のことです。

「そういえば、この前弟にさ」

田辺さんには弟がいて、たまに弟との話をしてくれます。

「『今テレビに出ている人たちは、みんな頑張ってたくさん努力している人たちだ。努力しないでテレビに出ているのは智加（田辺さんの下の名前）だけだ。周りの人に感謝して生きろ』って言われたのよ」

「弟さん厳しいね」

田辺さんが「そうよ！　私だって頑張ってるわ！」と言ってくると待っていたら、

「本当にその通りだと思ったわ」

と返ってきました。私が「いや、認めちゃうんだ！」と言うと、田辺さんは

「私、生まれてから一度も努力ってしたことないわ」

と言いました。

私「田辺さん、逆にそれ天才の台詞っぽいよ」

田辺さん「やだ！　うれしい！　私の場合、運と人助け（されるほう）で37年間生きてきただけだけどね！」

私「全然天才じゃないね」

田辺さん「まぁね！　弟はたぶん私の一番の被害者よ！」

私は田辺さんの弟さんにお会いしたことはありませんが、弟さんが田辺さんを助けることによって私も助けられたことが何度もあります。その中でもとくに思い出に残る出来事があります。

それはまだ養成所時代のことです。猫塾はネタ見せのために田辺さんが浦島太郎で私が亀のコントを作りました。私があまり考えずに

「これ、ネタの最後にアニメの次回予告のナレーションみたいなやつ録音して流したら面白そう」

と言うと、田辺さんも「それは良い考えだわ！」と言ってきました。

私「田辺さんか私の声で録音する？」

田辺さん「でも違う人の声のほうが『お！　こいつらちゃんと準備してきたな！』って思わない？」

私「確かに。でも誰に頼む？」

田辺さん「同じクラスの人に頼むと、『あ！　あいつの声だ！』ってなってネタに集中できないわよね」

田辺さんは、ネタの中身を作る時は岩のように静かだったのに、最後のナレーションで急に謎のこだわりを見せてきました。田辺さんが言いました。

「ちょっと弟に頼んでみるわ」

私はこの時初めて、田辺さんに弟がいることを知りました。

「酒寄さん！　ナレーション録音してきたわよ！」

数日後、ネタ合わせの時に田辺さんは笑顔で言いました。

私「ありがとう！　弟さん嫌がらなかった？」

田辺さん「すごく拒否されたわ！」

私「それは申し訳ない！　よくオッケーしてくれたね」

田辺さん「弟、なんだかんだ言って私に甘いからね！　それか『あんたの未来を邪魔するよ！』って言葉が効いたのかもしれないわ」

田辺さんの言葉にそれは脅しでは？　と思いましたが、「早速、聞いてみよう！」となりました。確かこんな内容でした。

ナレーション「竜宮城に向かった2人。しかし、サメの暴走族アンダーザシーが2人に勝負を仕掛けてきた。果たして2人は勝つことができるのか！　次回、『重いんでここからは歩いてください』。俺のタートルスクリューが火を吹くぜ！」

私「すごく良い！」

田辺さん「姉が言うのもなんだけど、良いと思うわ」

私「ちゃんと"俺のタートルスクリュー"のところ、アニメの次回予告みたいに熱い感じで言ってくれてるのうれしい！」

田辺さん「そう！　良い仕事してくれたわ！」

私「良いネタになったね！」

田辺さん「ええ！」

しかし問題が起きました。数日経ってから改めてネタを練習すると、次回予告は最高だけど、重要なコントの内容が全然面白くないということに気づいてしまったのです。

「でも、せっかく弟さんが協力してくれたし、このネタはネタ見せでやろうか」

と私が言うと田辺さんは

「いや、大事なネタ見せを1回潰すのはもったいないわ。

私たち、入学金40万円払ってるのよ!?」(のちに、田辺さんが入学金40万円全額おじいさんに払ってもらったことを知りました)

と言いました。悩んだ結果、やはりそのネタは一度も披露せずにお蔵入りにしました。

（弟さんには本当に申し訳ないけど、別にネタ見せに参加するわけじゃないし、言わなければわからないか）

と、私は思いました。さらに数日後、田辺さんが、

「弟に、あのネタ没にしたからやらないって言ったらすごく怒られたわ」

まさかの弟さんにばらしていました。

私「なんで言っちゃうの！」

田辺さん「だって、後から弟に『あのネタどうだった？』って聞かれたら、その時に『実は没にした』って言うほうが感じ悪いじゃない！」

私「いや、確かにそうだけど」

田辺さん「まぁ、弟、そういうの聞いてくるタイプじゃないんだけどね」

私「じゃあなんで言ったの！　あんな変なこと言わせて使わないとか、すごく怒ったでしょ」

田辺さん「ええ。とても怒ったわ。それで没の理由を聞かれたんだけど、

私は酒寄さんが考えてくれたネタを面白くないからって言いたくなくて
……」

田辺さんはとても心優しい部分もあります。私は「でも、面白くない以外
の没の理由なくない？」と言うと、田辺さんは

「だから、『あのネタやる気分じゃなくなったの』って言ったら、『なんだ
よそれ!!』って余計に怒られたわ」

私も「なんだよそれ!!」って思いました。

モテ男現る

猫塾時代、田辺さんと私はカラオケでよくネタ合わせをしていました。カラオケでのネタ合わせは、たまに面白いことが起こりました。田辺さんが

「誰か来てー！　助けて！　誰か大人の人を呼んでー！」

というセリフを気に入り、何度も大声でそこばかり練習していたら見知らぬカップルが

「大丈夫ですか!?」

と本当に助けに来てくれて、世の中捨てたもんじゃないなと思ったこともありました（この時、田辺さんは『すみません！　私たち劇団員で舞台の練習だったんです』と中途半端な嘘をついてました。カップルはこんな下手くそな劇団あるか？　と思ったことでしょう）。

中でも忘れられないナンバーワンな出来事があります。

その日も田辺さんと私は、ネタ合わせをしにカラオケに行きました。

田辺さん「私、やっぱりネタ合わせ終わりに春巻き食べるわ！」

私「ネタ合わせ何時間にしようか？」

田辺さん「……」

普段なら受付に行って率先して名前を書いてくれる田辺さんが動かないので、どうしたのか振り向くと

私「え、田辺さん？　どうしたの？　大丈夫？」

田辺さんは顎がめり込むほど俯いていました。

田辺さん「……い」

田辺さんは何か言いましたが、声が小さすぎて聞き取れませんでした。

私「ごめん、何言ってるか聞こえない」

田辺さん「……私の代わりに受け付けして」

私「え、いいけど」

田辺さんはそう言うと、めり込んだまま部屋の隅に移動し、置かれていた観葉植物と同化していました。

私の前にいたおじいさんとおばあさんが受け付けを終わらせたので、私も記入して受け付けを終わらせました。

私「田辺さん、終わったよ」

田辺さん「あら！　ありがとう！」

田辺さんは観葉植物からもとの田辺さんに戻っていました。エレベーターに乗り込み、場所を確認すると、私たちの部屋はドリンクバーと違う階の部屋でした。

私「先にドリンクバー、取りに行く？」

田辺さん「いや、先に荷物置いてからにしましょう！」

耳が裂けそうなほど大きい声で叫ばれて、私たちは先に自分たちの部屋に行くことにしました。部屋に着くと今度は田辺さんが

「ちょっと休憩していかない？」

と言い出しました。

私「まだ何もしてないよ」

田辺さん「じゃあ、私たちのこれからについて話し合いましょう」

私「どうしたの？　なんか変だよ」

田辺さん「私はもとから変よ！」

田辺さんが動こうとしないので、私たちはネタ合わせ終わりに中華料理屋で何を食べるか話し合いました。しばらく話し合いましたが、私はいい加減、喉が渇いてきました。

私「ねえ、飲み物取りに行こうよ」

田辺さん「まぁ、そろそろいいわね。行きましょうか」

２人でドリンクバーのある階まで向かいます。ドリンクバーに着くと、私の前で受け付けをしたおじいさんとおばあさんが飲み物を選んでいるところでした。

私「ちょっと待とうか……田辺さん？」

田辺さんを見ると、また顎がめり込んで俯いていました。

田辺さん「……い」

私「どうしたの？　聞こえないよ」

田辺さん「……メロンソーダ、お願い……」

そう言うとどこかに行ってしまいました。私が頼まれたメロンソーダと自分の飲み物を持って部屋に戻ると、田辺さんは座って待っていました。

田辺さん「悪かったわね」

私「大丈夫だけど。どうしたの？　何かずっと変だよ」

田辺さん「……ドリンクバーにじいさんとばあさんがいたじゃない？」

私「あぁ、私たちの前で受け付けしてた人たちだよね？」

田辺さん「あのじいさん、私のじいさんなのよ！」

私「え！　田辺さんのおじいさんだったの！」

田辺さん「私たち、じいさんのデート現場に遭遇しちゃったみたい」

田辺さんの話によると、田辺さんのおばあさんはもう亡くなっていて、おじいさんは近所のおばあさんとデートでカラオケに来ているようでした。

私「挨拶したほうがよかったよね？」

田辺さん「しなくていいわよ！　面倒だから！」

私「でも、私、一応相方だし」

田辺さん「私のじいさんは特殊だから」

私「特殊？」

田辺さん「私のじいさんの話はいいわよ！　それよりネタ合わせしましょう！　時間がもったいないわ！」

私「確かに！　結構、時間経っちゃってる！」

私と田辺さんは漫才の立ち位置になり、時間を計れるようにストップウォッチの準備をしました。

私「じゃあ、始めるよ」

田辺さん「うちのじいさんもあのばあさんも、お互い本命じゃないのよ」

続、モテ男現る

（「モテ男現る」の続き）
田辺さんが爆弾発言をしたために、私たちは漫才の立ち位置からお互いソファに座り直しました。私が、

「どういうこと？」

と聞くと、田辺さんは田辺さんのおじいさんを取り巻く恋愛模様を話し始めました。それはまさに、みんな誰かに片想いの老人版の『ハチミツとクローバー』のような世界でした。

私「え！　うらやましいんだけど！　何その青春ストーリー！」

田辺さん「すごいわよね。本当にハチクロみたいな生活してる人っているのよ。私のじいさんだけど」

私「田辺さんのおじいさんの本命のおばあさんは、他のおじいさんが好きなんだね」

田辺さん「そう。だからうちのじいさん、バイクでそのばあさんのアパートの下まで行って、部屋の明かりだけ見て帰ってくるとかやってるみたいよ」

私「ひえー！　本当にドラマみたいだね」

田辺さん「でも、やってるの私のじいさんだからね」

私「余計話してみたくなった。やっぱり挨拶したいよ」

田辺さん「ダメ！　うちのじいさん、女はみんな好きなの！」

私「私、田辺さんの相方だよ」

田辺さん「うちのじいさんは世界中の女全員好きなのよ！　絶対変なこと言うわよ！　だから酒寄さんでもダメ!!」

そう言って田辺さんは、おじいさんに会わせてくれませんでした。結局、その日はネタ合わせは一切せずに、おじいさんの話で終わりました。

数か月後、私たちはまた同じカラオケにネタ合わせで来ました。

田辺さん「私、受け付けするわね」

この日は田辺さんがスムーズに受け付けをしてくれました。部屋に行く前にドリンクバーにも行きました。ドリンクバーには誰もいませんでした。

田辺さん「どうしてもカラオケのホワイトソーダが飲みたくなる時ってない？」

私「わかる、わかる」

そんなどうでもいい話をしながら廊下を歩いていると、田辺さんがある部屋の前で立ち止まりました。

私「田辺さん？　そこ私たちの部屋じゃないよ？」

田辺さんはいきなりその部屋の扉を開けました。突然入ってきた大きな女に、中にいたおじいさんとおばあさんは歌うのをやめて驚いています。

私「田辺さん！　何やってるの！」

田辺さん「じいさん‼」

おじいさん「……智加（田辺さんの下の名前です）？」

なんと、私たちは田辺さんのおじいさんのデート現場に２回も遭遇してしまったのです。田辺さんって、自分のおじいさん本人にも"じいさん"て言ってるのかと思っていると、

田辺さん「じいさん、私の相方の酒寄さん」

田辺さんは部屋に突然乱入し、このタイミングで私を紹介してくれました。

私「初めまして。田辺さんと一緒に活動している酒寄です」

おじいさん「デニッシュ、買ってやろうか？」

なんかおしゃれだなと思いました。

田辺さん「いらないよ！」

私「あ！　お気持ちだけで大丈夫です！」

一緒にいたおばあさんはずっと静かに笑っているだけでした。私たちはすぐに部屋を後にしました。私たちは部屋に戻りながら話しました。

私「田辺さん、よくおじいさんがいるってわかったね」

田辺さん「歌声が少し漏れてたの。うちのじいさん、のど自慢出るために家で練習してるからすぐわかったよ」

私「ここデートによく使ってるのかな？　一緒にいたおばあさん、品が良い方だったね」

この私の何げないひと言の後、田辺さんはまた衝撃的なこと言いました。

田辺さん「この前と違うばあさんだったね」

私「え！　嘘？　本当に!?」

田辺さん「うちのじいさん、謎にモテるのよ。うちのばあさんが生きてた時はばあさんひと筋だったけど。本当に謎よ！　煮物に砂糖めちゃくちゃ入れるのに！」

田辺さんは私たちの部屋の扉を開けながら言いました。

田辺さん「だからうちのばあさんが生きてた時、じいさんの浮気を心配してみのもんたに相談したことあるのよ」

その日もおじいさんの話でネタ合わせはできませんでした。

ほぼもう一人の私

ある日、田辺さんとぼる塾の話をしていて、「最初の頃より漫才がうまくなった」という話題になりました。

私「あんりちゃんはもともと上手だったけど、はるちゃん、すごくうまくなったよね」

田辺さん「はるちゃんうまくなった！　楽しくできるようになった！って言ってたわ」

私「田辺さんもこの半年くらいで、今までの中で最高のまぁねを何度も更新したよね」

田辺さん「まぁねー」

私はその時、田辺さんの漫才の練習方法を思い出しました。

私「そういえば、田辺さん、昔お母さんと漫才の練習してたよね」

田辺さん「してたわ！　懐かしいわね！」

それはまだ私たちが猫塾というコンビだった頃の話です。

「え、田辺さん、お母さんと漫才の練習してるの？」

養成所からの帰り道、田辺さんに言われて私は衝撃を受けました。田辺さんは「そうよ」と、（何を驚いてるの？）という顔で返してきました。

私「え、どうやって練習してるの？」

田辺さん「酒寄さんのところを母親に言ってもらってるの」

私は、今日ネタ見せの授業でやったネタの内容を思い出しました。

私「田辺さん、お母さんに『あんたの顔がハンバーグ』とか言わせてるってこと？」

田辺さん「そうなるね」

私「いや、お母さんに言わせるような台詞じゃないよ！　お母さん、どんな気持ちで自分の娘に『あんたの顔がハンバーグ』って言ってるの」

田辺さん「でも、うちの母親、なかなか酒寄さんのように言ってくれなくてさ、『酒寄さんはそんな言い方しないよ！』って怒ったら喧嘩になったわ」

私は「そりゃ怒るよ。お母さんかわいそうだから１人で練習しなよ」と言いました。すると、田辺さんはこう返してきました。

「私、本当に物覚えが悪いし、漫才も下手だから、ぶつぶつ暗記するだけだとダメなのよ。家でもちゃんと漫才の形でネタの練習したいの。酒寄さんに迷惑かけたくないし、早く漫才が上手になりたいの」

田辺さんは真剣な顔でした。

私「田辺さん……」

田辺さん「母親も嫌々ながらも協力はしてくれるし」

私「あ、やっぱり嫌々だよね」

私も漫才は下手なので、田辺さんと「いっぱい舞台に立って漫才うまくなろうね！」と決意を新たに気合を入れました。

そして、私たちは養成所を卒業し、芸人として舞台に立つようになりました。あの日の決意から数年後。

「え、田辺さん、まだお母さんと練習してるの？」

吉本∞ホールからの帰り道、田辺さんに言われて私は再び衝撃を受けました。田辺さんは「そうよ」と当然のように答えました。

私「今日のネタも？」

田辺さん「ええ。母親との練習の時、いつも言えなかったところが本番はちゃんと言えてよかったわ」

今日のネタは「田辺さんがいい女であることをさりげなくアピールするために、田辺さんが高校の同級生と月１やっている女子会に私が参加させられる」という漫才でした。

私「お母さん、どんな気持ちで練習してくれたんだろう。自分の娘を褒める台詞が『冬、風よけになります』だよ」

田辺さん「『確かに』って言ってたわよ」

私が「田辺さん、もうさすがに1人で練習できるよ」と言うと、田辺さんは、

「最近、母親が漫才うまくなってきたの」

と言ってきました。私が「どういうこと？」と聞くと、

「母親が『田辺さんが雪だるまだよ』って言って、私が『バカ！』って怒鳴るでしょ。練習の時に母親が
『あんたひどいこと言われてから【バカ！】って言うタイミングが早すぎる。言われて内容を理解するのにもう少し時間がかかるはずだよ。酒寄さんならきっとそう言うよ』
って言ってきたの!!」

田辺さんは「他にもね、テレビ見ながらぶつぶつ言ってるから何かと思ったら、『ごめん、田辺さんはギャップがある女ってことだよ』って、酒寄さんの台詞練習したりしてたわ」と、お母さんの話を続けました。私はどんなことにも見えないところで頑張ってくれている人がいるんだなと思いました。

そして現在。

田辺さん「そんなこともあったわねー」

私「猫塾の時は、本当に田辺さんのお母さんが練習付き合ってくれたから、私たちちゃんと漫才の形になって披露できていたのかもね」

田辺さん「あら、ぼる塾になっても最初の頃は母親と練習してたわよ」

私は3度、衝撃を受けることになりました。私が「ぼる塾の漫才はトリオだよ？」と言うと、

田辺さん「母親にはあんりとはるちゃんのところ、言ってもらってた」

私「お母さんの負担半端ないじゃん」

田辺さん「まぁね。母親、何年も酒寄さんをやっていたから、いきなりあんりとはるちゃんになるのはすごく苦戦していたわ」

私「もう、お母さんの練習じゃん」

こうなると田辺さんがなんで母親との練習を辞めたのかが気になりました。

私「なんで練習しなくなったの？」

田辺さん「ぼる塾の仕事が増えて私が帰ってくるのが夜遅くになったから、もう母親寝てて練習できなくなったの」

ぼる塾の仕事が増えて一番よかったのは、田辺さんのお母さんかもしれないと思いました。

脱出ゲーム

田辺さんと私はあるアニメにハマっていました。

「酒寄さん！　あのアニメ、今度脱出ゲームやるみたいよ！」

「え、参加したい！」

「一緒に参加しましょうよ！　私、チケット取るわね！」

私の夫もそのアニメにハマっていたので、田辺さんと私と夫の3人でその脱出ゲームに参加することになりました。

脱出ゲーム当日。

夫「今日はよろしくお願いします」

田辺さん「はーい。よろしくお願いします」

私「私、脱出ゲームって初めて参加する」

田辺さん「私もよ」

夫「自分もです」

田辺さんと夫も顔見知りなので、3人でこれから参加する脱出ゲームへの意気込みなどを話しながら向かいました。田辺さんが

「私、コナン読んでるから期待していてください」

と言って、自らハードルを上げていました。そして会場に到着し、脱出ゲームの説明が始まりました。チームに分かれてテーブルがあり、基本的にそこの椅子に座って謎を解くようでした。ヒントを知りたい時だけ同じ室内の隅に確認に行くそうです。田辺さんが小声で

「脱出ゲームって言うから動き回るのかと思ったけど、動かなくていいのはポイント高いわね」

と耳打ちしてきましたが聞こえないふりをしました。そして説明が終わり、脱出ゲームが始まりました。

脱出ゲーム中、田辺さんはひと言も喋りませんでした。

私たちは脱出に失敗しました。

「私、全然活躍できなかった」

お茶でもしようかと入った喫茶店で、夫がトイレに入っている時に田辺さんが言いました。私は嘘をつくことはできず、「でも楽しかったね」と返しました。田辺さんは悔しそうに言いました。

「私が一番活躍したの、チケット予約したことになっちゃう!!」

私「それでいいじゃん！ 田辺さんがチケット予約してくれなかったら来られなかったから。ありがとうね」

田辺さん「ダメよ!! 旦那さんからしたら久しぶりの田辺さんなのに」

そこに夫が戻ってきました。まだ解散するのも早いし夕飯を一緒に食べることにしました。夫が「田辺さんに今日のチケット予約してもらったし、ご馳走しますよ」と言い、３人でインドカレーの店に入りました。

「好きなの頼んでくださいね」

夫がそう言うと田辺さんは「あら、そーりー」と言ってメニューを開きました。

「あら、ナン食べ放題なのね」

そう言った途端、田辺さんの顔つきが変わりました。

「ナンのおかわりくださーい！」

田辺さんはナンをおかわりしました。食べながら田辺さんは夫に、

「あの、私、酒寄さんに出会うまでカレーは家で食べるものだと思っていたんですけど、酒寄さんにいろんな美味しいカレーの店を教えてもらって考えが変わりました。酒寄さんは本当にすごいです」

と、私への謎のよいしょまでしてくれました。そしてよいしょし終わるとまたナンをおかわりしました。田辺さんは何度もナンをおかわりしました。

夫がトイレに入っている間に田辺さんはナンを持ち上げて言いました。

「私、見せ場作ったね」

脱出ゲームでの失敗をナンのおかわりの活躍（？）で取り返せるのかよく
わかりませんが、帰り道、夫が

「田辺さん、たくさんナンおかわりしていたね」

と言っていたので、できたのかもしれません。

鈴カステラ

舞台には魔物がすんでいるのか、時に台詞を忘れてしまったり、用意した効果音が流れなかったりと様々なアクシデントが発生します。

その中でもとくに思い出深いアクシデントを紹介したいと思います。

それは鈴カステラを使ったユニットコントでした。私は娘と息子がいる母親役で、学生時代の友達の田辺さんが突然家に遊びに来たという設定です。もう一人の女友達役は同期の山口君が女装して演じました。

どんなお話かというと、私が子供たちのおやつだった鈴カステラを女友達2人に出してしまいます。子供たち（子供役の芸人）が怒ります。それを無視して田辺さんと山口君は鈴カステラを食べ続けるので、怒った子供たちが2人を呪い始めます。2人は呪われながらも鈴カステラを食べ続けるのですが、私が次から次へとどんどん鈴カステラが出し続けるのでひたすら食べまくるという内容です。

とにかく鈴カステラを大食いするコントだと思ってください。

私「うわー！　多いっ！　すごいね！」

田辺さん「あら！　素敵な眺め！」

本番前、私は用意された鈴カステラを見て思わず笑ってしまいました。数分のコントに対して用意された鈴カステラの量がとても多かったのです。お手伝いに来てくれた後輩が

「作家さんが、田辺さんと山口さんなら多いくらいがいいだろうって」

と、数枚の紙皿に鈴カステラの山を作っていました。このコントは予算の関係で本番まで鈴カステラを食べ続けるシーンは全てエア鈴カステラでやっていたので、２人がどのくらいの量を食べるのかわからなかったのです。田辺さんは

「きっと、余るからみんなで鈴カステラパーティーができるわね！」

と言って小食ぶっていました。

そして本番が始まりました。

私「子供のおやつに買っておいたものなんだけど、ここの美味しいのよ！」

母親役の私が一度舞台からはけて、本物の鈴カステラの山を持って登場するとお客さんは笑ってくれたので安心しました。このコントは鈴カステラが全てだからです。

山口君「ほんと！　美味しい！」

田辺さん「これなら10個はいけるわ！」

私「遠慮しないで食べてね」

子供たち「僕たちのおやつなのに!!」

私「しょうがないでしょ!!　突然来るんだもの!!」

田辺さんも山口君も素晴らしいスタートダッシュをきめて、すぐに最初の鈴カステラの山が消えました。子供たちが2人を呪い始めます。全てが順調でした。

私「あら、おかわり持ってくるわね」

私は一度舞台からはけて、裏でスタンバイしてくれていた後輩から新しい鈴カステラの皿を受け取りました。

私「どうぞ!　まだまだあるわよ!」

その鈴カステラも2人に瞬殺されて、再び私は裏から新しい鈴カステラの皿を受け取りました。呪いで一瞬、田辺さんが死にかけますが、なんだかんだで助かり鈴カステラを食べ続けます。

私「はい!　おかわりどうぞ!」

その鈴カステラも跡形もなく消え去り、私は急いで裏からまた新しい鈴カステラの山を受け取りました。その時、時間を計りながら様子を見ていた作家さんが

「……まずいな。ペースが速すぎる」

と、監督が駅伝の選手に言いそうなことを呟いたのが聞こえました。

私「すごいわ！　ちょっと食べるのが速すぎるからもっとゆっくりでいいのよ！」

私はさりげなく食べるペースを落とすように伝えたつもりだったのですが、後で田辺さんに聞いたら

「全然聞こえてなかったわ。鈴カステラしか見えなくなってた」

と言われました。その鈴カステラもすぐに消えてしまいました。次の皿を取りに行くと後輩が

「鈴カステラ、これでラストです。次から違うもの出します!」

と言って、最後の鈴カステラの皿を渡されました。ラストの鈴カステラを2人が食べ終わりました。私は次に一体何を渡されるのかと思いながら取りに行くと、紙皿には

私（これは田辺さんが焼いてきたシフォンケーキの余り！）

それは田辺さんが今日のライブの出演者やお手伝いの後輩に焼いてきた手作りシフォンケーキでした。田辺さんはライブの日によく手作りお菓子を焼いてみんなに差し入れをしてくれたのです。田辺さんがみんなに配った後、少しだけケーキが余っていました。

田辺さん「余ったこれは、私が後でおやつに食べるわ」

と言って、机の隅に置いていました。それが紙皿の上に置かれていました。

私（バックは思ったよりも食糧難なのかもしれない。まあ、田辺さんのおやつの時間が早まったと思えば……）

私はどうやってシフォンケーキを出そうか迷い、

私「これ、美味しいケーキ屋さんのシフォンケーキ！　買っておいたの忘れてたわ」

と余計なアドリブを入れると田辺さんは、

「これ、私の焼いたシフォンケーキじゃない！」

と言いました。私は余計なアドリブを入れたことを後悔しました。

私「そうだったわ!!　あなたがお土産に持ってきてくれたシフォンケーキだったわね!!」

田辺さん「そうだ！　私ケーキ屋さんなの！　うふふ」

田辺さんは私にではなく、一番前に座っているお客さんに話しかけていました。お客さんは困っていました。

私「もう鈴カステラがなくなったみたいなの」

田辺さん「あらやだ！　じゃあ……どうなるの？」

山口君「どうなるのかしら？」

私「さあ……？」

お客さんは、田辺さんが焼いてきたシフォンケーキを田辺さんと山口君が呪われ続けながら食べるという、奇妙なコントを見ることになりました。

山口君「ちいちゃん、ケーキ作るの上手ね」

田辺さん「本当は生クリーム添えたいんだけどね」

山口君「十分、美味しいわよ」

田辺さん「ダメよ!!　妥協しちゃ!!」

出演者もお客さんも、このコントがどうやって終わるのか不安になっていました。シフォンケーキを食べ終わったのを確認して、私は舞台袖に新しい皿（またはこのコントを終わらせる方法）を取りに行きました。

私（あれ、後輩がいない!!）

先ほどまでスタンバイしていたところに後輩がいないのです。裏が小さな楽屋と繋っている劇場だったのでそちらに行くと、後輩が焦りながらうろうろしていました。

後輩「食べ物が!!　出せる食べ物が何もないんです!!」

私「え!?」

後輩「さっきの田辺さんのシフォンケーキ、田辺さんの分だからいいかと

思ってさっき出したんですけど!!」

私「余った分?」

後輩「はい!! でも続かないんです!! 食料がないんです!!」

私「どうしよう……!! 私も何も持ってないよ!!」

今考えたら「家中の食べ物を食べつくした」と言って、手ぶらで私が舞台に戻ればいいだけの話なのですが、その時私はパニックだったので、何かしら食べ物を持って帰らないと舞台に戻ってはいけないと思っていました。帰りたい、帰れない、のカントリーロード状態になっていたのです。

私「どうしよう……どうしよう……」

後輩「今から僕コンビニ行きますか?」

後輩もパニックになっていました。その時私は、楽屋の隅のテーブルに光るものを見つけました。

私「……これだ!!」

私はそれを掴んで紙皿に載せ、舞台に急ぎました。戻る途中で作家さんに「それでオチにいけ!」と言われました。

私「さあ、これが最後よ! もううちには何もないわ!」

私はオチきっかけの台詞を2人に言いながら、紙皿を渡しました。それ

を見て田辺さんが、

「やだ！　これ私の昼ご飯！」

と叫びました。私の持っている紙皿の上には、おにぎりみたいにラップに包まれたコストコのディナーロール（ロールパンみたいなパン）が2つ置かれていました。

山口君はそれを聞かなかったことにして

「子供たち、こっちにいらっしゃい！　一緒に食べましょうよ！」

と、本来鈴カステラでやるはずだったオチをそのまま繋げていました。みんなで田辺さんの昼ご飯を分け合って食べるというオチになりました。
のちに田辺さんが

「大食いの練習をエアでやったらダメだね！　大事なこと学んだわ！」

って学んでました。

※コント終わりに田辺さんに「勝手に昼ご飯使ってごめんね」と言ったら、「いいわよ！　私コストコのディナーロールならいつでも食べられるし！」（？）って言われました。おそらく田辺さんが食べるディナーロールの量が減ったことを私が謝ったんだと思ったようです。

戒め

頑張ることはとても大事だと思います。

しかし、間違った頑張りは周りに迷惑をかけると身をもって知った出来事があります。同じ過ちを繰り返さないように、ここに記録しておこうと思います。

それはまだ私がコンビだった頃の話です。

その日は少し寝不足でしたが、とくに体調が悪いわけではありませんでした。悲劇は突然私に襲いかかりました。

田辺さん「はーい。いい女の田辺よー」

漫才のライブで、田辺さんに続いて舞台に立った途端に、私は少し目眩を感じました。

私（あれ、なんか舞台がいつもより眩しい）

田辺さん「皆さん、今日はラッキーですね、私いつもより多く肩出してるんですよ」

私「戦って破れたの？」

田辺さん「バカ！」

ネタが進んでいくと、どんどん具合が悪くなっていくのがわかりました。立っているのも辛くなり、私は思わずセンターマイクを掴んでしまいました。

田辺さん「いい女って言うのはね……
あんた、ヴォーカリストみたいになってるけど大丈夫!?」

私「……大丈夫、大丈夫」

田辺さんは私の異変にすぐに気がついたようでした。

田辺さん「具合悪いの？　ふらふらしてるじゃない!!」

私「大丈夫だから続けて！」

田辺さん「……いい女っていうのはさりげないボディータッチができるのよ……いや、ボディータッチの話なんかできないわよ！　もう終わろう！」

私「嫌だ！　最後までネタやりたい！」

田辺さん「あんた、そんなふらふらしてお客さん笑えないわよ！」

どうやら私のヴォーカリストはネタではないことがわかり、客席もざわざわしだしました。一番前に座っていたお客さんが小さい声で「大丈夫ですか？」と聞いてくれたことは今でも忘れられません。

私「早くさりげないボディータッチの話をして！」

田辺さん「本当に続けるの？」

私「お願い！」

田辺さん「いい女っていうのはさりげないボディータッチができるの」

その時、さらに頭がくらっときて私は田辺さんの肩にもたれて、

私「ちょっとごめん」

田辺さん「あんた、さりげないボディータッチできてるよ！」

と、私たちにしてはありえないほどうまいこと言えたのですが、お客さんは全然笑ってませんでした。

田辺さん「ねえ、もう終わろうよ」

私「嫌だ！」

田辺さん「ふらふらしてるよ！」

私「大丈夫だから！」

その繰り返しを何度も挟みました。むしろネタよりもその時間のほうが長かったと思います。

田辺さん「よき時間ね。ばーい！」

なんとか漫才を終わらせて舞台からはけました。後ろから田辺さんが「全然よき時間じゃないね」と言ってるのが聞こえました。

記憶がとても曖昧なのですが、楽屋に戻ると私は倒れて痙攣していたそうです（田辺さんから聞きました）。

私は、ライブについていた作家さんと田辺さんと同期の芸人（私を支えたりするために手伝ってくれました）とタクシーに乗って病院まで行きました。

私は病院のベットに横たわった瞬間からの記憶は鮮明に覚えています。なぜならとても元気になったからです。全回復しました。

田辺さんが心配そうにベットの横に立っていてくれました。

田辺さん「あ！　酒寄さん気がついた！　大丈夫？　ご家族に連絡したからね！」

私「田辺さん！　やばい！」

田辺さん「ダメよ！　起き上がっちゃ!!」

私「やばい!!　超元気なんだけど!!　急に全快した!!」

田辺さん「え！　……悪いところなくて本来いいんだから堂々としてな!!」

この時の田辺さんの言葉にはとても救われました。

私「でも、ここまで大ごとにして大丈夫ですって」

田辺さん「元気なほうがいいわよ！　でも本当に良くなったのかわからないし、この後検査するみたいだから、ちゃんと検査したほうがいいよ！」

私「少し具合悪いふりしたほうがいいかな？」

田辺さん「少し具合悪いふりするのはありだね!!」

少し具合悪いふりをして検査を受けに行った私を見て、田辺さんは気まづいだろうなと思ったそうです。

検査結果はどこも異常はありませんでした。少し具合悪いふりをしてしまったせいで、最後まで作家さんと付き添いの同期は心配していました。

帰り道は田辺さんが私を送るからと言って、なんとか心配している２人に帰ってもらいました。田辺さんと私だけになり改めて今日のことを謝りました。

私「田辺さん！　今日は本当にごめん！」

田辺さん「私はいいよ！　酒寄さんが元気で本当によかったわよ!!」

私「田辺さん……ありがとう！」

田辺さん「もし、酒寄さんに何かあったら、私ピンで舞台に立つのかとか考えたら震えたわ」

私「どこ心配してるの！　あはは！」

田辺さん「うふふ、本当よね!!」

私たちは笑い合いました。

田辺さん「でもさ、私たちトップバッターだったから、あの後ネタしたみんなとお客さんはどうだったんだろうね」

私は震えました。

ドラマみたいな恋の話

猫塾は、潜水艦くらい浮いた話のない2人でしたが、田辺さんはいい女なのでたまに浮上することがありました。

例えば、私の昔のバイト先のバングラデシュ人が田辺さんにひと目惚れしたり、歩いていたらケバブ屋の外国人の店員が田辺さんに「ケバブどう？　バンチョウ！　バンチョウ！」と猛アピールしたりしました（押しに負けて田辺さんはケバブを買っていました）。

ある時、某一流企業にお勤めする男性が田辺さんにひと目惚れしたことがありました。その人は後輩芸人のお友達で、たまたまライブを見に来て、舞台に立つ田辺さんを見てひと目惚れしたそうです。

この田辺さんのシンデレラストーリーに女芸人は盛り上がりました。舞台に立つ自分を好きになってもらえるほどうれしいことはありません。しかし、田辺さん自身はそんなに乗り気ではなく、

「きっと何かの間違いよ」

と言って、誘われたデートに出かけていきました。

田辺さんがデートをした翌日に、私たちはネタ合わせの約束をしていました。

私「デートどうだった？」

会ってすぐに私が訊ねると、田辺さんは「楽しかったよ」と、とくに隠す感じでもなく教えてくれました。

私「どんな話したの？」

田辺さん「好きな男性のタイプを聞かれたから、KAT-TUNの亀梨君って言ったわ」

私「……渾身のギャグ？」

田辺さん「私は本当のこと言っただけよ。でも、相手の男性にももっと現実的な答えで、って言われたわ。だから改めて言ったわ」

私「何て？」

田辺さん「KAT-TUNの亀梨君」

私「普通、そういう時は優しい人とか言うもんだよ」

田辺さん「だって好きなタイプを嘘ついてどーするの？」

私「そう言われたらその通りだけど。でも、現実味がなくない？」

田辺さん「亀梨君だって現実にいるでしょ？　え？　いないの!?」

それから田辺さんは、高い肉を食べさせてくれた、コナンの話も真剣に聞

いてくれた、相手の男性はとても良い人だった、と教えてくれました。私
も感じの良さそうな人だし、この人なら田辺さんを大切にしてくれそうだ
なと思いました。

私「すごいね！　素敵な人にひと目惚れされたね！」

田辺さん「まぁね！　でもお付き合いすることはないわ」

私「え、なんで？」

性格が良くて、一流企業に勤めていて、芸人の仕事に理解があって、そん
な人がドラマのように自分にひと目惚れしてくれる、こんなチャンスない
と思いました。

田辺さん「たぶん、彼、私のことそんな好きじゃないと思うの」

田辺さんは真面目な顔でそう言いました。しかし、私はその男性がとくに
好きでもない無名の女芸人に近づく理由がわかりませんでした。

私「それは、めちゃくちゃ金持ってる金持ちがする遊びみたいなもの？」

田辺さん「やだ！　彼はそんなことする人じゃないよ！」

私「じゃあ、なんで？」

田辺さん「私にひと目惚れした人、プロレスが好きなんだって」

私「そうなんだ」

田辺さん「私、見た目が長州力に似てるじゃない？」

私「うん」

田辺さん「ばかやろう!!」

私「田辺さんが言ったんだよ」

田辺さん「まぁね」

田辺さんは、私にある推理を披露してくれました。

田辺さん「だからさ、彼は私にひと目惚れしたんじゃなくて、私の中の長州力に惚れてるのよ!!　きっと!!」

私はそれを聞いて、「見た目が似てるなら、長州力は外に出ちゃっているのでは？」って思いました。

ラッキーアイテムは麻婆豆腐

田辺さんは占いがとても好きです。私は占いに対してそこまで興味はなく、テレビや雑誌のコーナーでたまたま見かけたらチェックするくらいでした。しかし、田辺さんと出会ってから占いに触れる機会が一気に増えました。

今回は、その中でもとくに印象的だった占いの話をしたいと思います。

以前、若手芸人の間で占いブームが起こりました。ある占い師に見てもらった芸人が「すごく当たっていた」と話して、それが広がったのです。

その占い師は、おばたのお兄さんの結婚やメイプル超合金さんのM-1決勝進出を予言していたというのです。

私と田辺さんも「ぜひ見てもらいたい！」とすぐに思いましたが、その占い師は人気で、予約を取るのが大変でした。なので、私たちは先に東京タワーの占い師に見てもらったりしました。

しかし、ついに私たちも見てもらえるチャンスが回ってきたのです。

田辺さん「酒寄さん！　あの占い師の予約、取れたわよ!!」

田辺さんが予約を取ってくれたのです。

私「わー！　ありがとう！」

田辺さん「楽しみね！　何聞こうかしら。前世とかもわかるらしいわよ！」

私「前世、気になるね！」

田辺さん「やっぱり女子は前世好きよね！」

田辺さんの女子あるあるには、前世が好きがあります。

私「そうだ！　今回はお笑い芸人って打ち明ける？」

以前、東京タワーの占い師に見てもらった時、私たちはなんとなく、お笑い芸人であることを伏せて占ってもらっていました。なぜかと言うと田辺さんが

田辺さん「お笑い芸人ってことはなんとなく伏せておきましょう。なんとなくだけど、当たる占い師なら伏せていてもわかると思うの。お笑い芸人って話すと占い関係なく、その占い師が持ってる芸人のイメージとか前情報とかでなんとなくの占いができちゃいそうでしょ？　なんとなくだけど」

と、やはりなんとなくの理由でした。田辺さんは「そうだねぇ……」と考え始めました。

田辺さん「東京タワーの時、芸人ってこと隠したじゃない」

私「うん」

田辺さん「あれさ、芸人ってこと隠したからちゃんと占いできなかったんじゃないかって気持ちもあるのよね」

私「確かに、そういうのもあるのかな？」

私は東京タワーの占い師を思い出しました。彼女に「あなたたちは経理の仕事が向いている！」と、とんちんかんなことを言わせたのはもしかしたら私たちのせいかもしれないと思うと、少し悪いことしたなと思いました。

田辺さん「今回は最初は隠して、この占い師、信頼できる！って思ったら芸人ってことばらしましょう！
それがいい気がする！　なんとなくだけど！」

私も田辺さんの意見はなんとなく納得できる気がして、今回もなんとなくそういうことになりました。

予約当日、田辺さんと待ち合わせをして占い師に会いに行きました。実際に行ってみると占いの館などではなく、ごく普通のビルの中にある事務所のような所でした。

田辺さん「本職が占い師とかではなくて、当たるからボランティアみたいな感じで占いやってるらしいわよ」

中に入ってみると、一人の凛としたおばあさんが座っていました。その人こそが噂の占い師でした。

おばあさん「こんにちは。見るのはお2人とも一緒と別々、どっちがいいかしら？」

田辺さん「私たちニコイチだから、一緒に見てもらう？」

私たちはニコイチだったので、一緒に見てもらうことにしました。

おばあさんが「じゃあ始めますね」と言い、不思議な呼吸の仕方をし始めました。

おばあさん「……上野が見えるんだけど、何かあなたたち関係してる？」

私たちはその時、毎日のように上野でネタ合わせをしていたのでとても驚きました。

田辺さん「え！　すごい！　私たち毎日上野で……何かしらしてます！」

田辺さんは芸人ということを隠すか明かすか迷ったのか、おばあさんに対して少し秘密主義になってました。

田辺さん「あの、私たちお笑い芸人をしていまして、ネタ合わせを上野でしています！」

どうやら、田辺さんはおばあさんを信頼したようでした。

おばあさん「芸人さんなのね。すごいわね」

田辺さん「でも全然売れなくて」

おばあさん「あら！　地方の仕事がきそうよ！」

私「え？　地方ですか？　どんな仕事ですか？」

おばあさん「うーん、そこまでは見えないわ。ごめんなさい」

この占いが当たったのか、のちに全然無名だった私たちが、先輩の横澤夏子さん率いる女芸人チームで金沢マラソンを襷リレーする仕事がきました。

（選ばれた理由は、その時の私がめちゃくちゃ短髪のガリガリだったので社員の人が「この子はたぶん、元・陸上部だろう」と勝手に思い込んだからだったそうです。全然、元・陸上部じゃないのに、横澤夏子さんを差し置いて私はアンカーを走らされました）

田辺さん「あの！　こちらから質問してもいいですか？」

私たちはおばあさんにいろいろなことを聞きました。仕事のことや、田辺さんがKAT-TUNの亀梨君と結婚できるかという質問などをしました。おばあさんは「亀梨君とは確実に結婚できない」と言っていました。

相談がひと通り終わると、おばあさんは私に向かって突然、言いました。

おばあさん「あなたのラッキーアイテムは麻婆豆腐！」

おばあさんはキッパリ言いました。

私「麻婆豆腐ですか？」

おばあさん「とにかく麻婆豆腐を食べなさい」

私「毎日ですか？」

おばあさん「毎日じゃなくてもいいです。ご飯はバランスが大事ですよ。でも麻婆豆腐を定期的に食べることはあなた、とてもいいわよ！」

田辺さん「麻婆豆腐の辛さは重要ですか？」

田辺さんが真剣に変な質問をしましたが、おばあさんは「辛さは自由よ」と真面目に答えてくれました。

占いが終わり、代金を聞くと「お気持ちでいいわ」とおばあさんは言いました。帰り道、田辺さんが「お気持ちって、より当たりそうな感じ出してるよね」と言っていました。私も全く同じことを思いました。

私はその占いに行ってから麻婆豆腐を事あるごとに食べるようになりました。もともと麻婆豆腐は好きだったのでよく食べていましたが、占い師に言われてから中華料理屋に行くたびに田辺さんが、「麻婆豆腐食べな！」と勧めてくるようになりました。

私「今日は回鍋肉にしようかな」

田辺さん「あんた!!　麻婆豆腐にしときな!!」

私「でも、回鍋肉の気分なんだけど」

田辺さん「じゃあ、私が麻婆豆腐にしてひと口あげるわ！」

私「それは悪いよ！　なら私、麻婆豆腐頼むよ！」

田辺さん「それがいいよ！（満面の笑顔）」

田辺さんは私に麻婆豆腐を勧めすぎて食べたくなったのか、私が麻婆豆腐を頼んで田辺さんも麻婆豆腐を頼んでいました。

それから数年後。

私は妊娠し、産休に入っていました。この頃はまだぼる塾は結成していなくて、田辺さんはピン芸人として私の帰りを待っていてくれました。

私（何か油っぽいジャンクフードが食べたいな）

つわりが終わった後で、無性にジャンクフードが食べたくなりました。私は少しならいいだろうと思い、昼ご飯にジャンクなものを買いに出かけることにしました。出かける前に携帯電話を見ると、田辺さんからLINEがきていました。

田辺さん「どんな時、私の中の長州力が出てくると思う？」

私は考えながら出かけることにしました。ついでに買い物も済ませようと思い、先にスーパーに寄りました。スーパーでいろいろ買っている間に、田辺さんの長州力は「ジムで食事制限しろってアドバイスを受けた時」に飛び出してくるかも？　と思いました。

私は田辺さんにLINEを送りました。送信し終わり、昼ご飯を買おうと思って目星をつけていたファストフード店に向かいました。しかし、向

かっている途中で、私はスーパーで豆腐をなんとなく買っていたことを思い出しました。

私（そういえば、家に麻婆豆腐の素がまだあったな）

私は、ほぼ店の目の前まで来たところで、ファストフードを買うのはやめて、今買った豆腐で麻婆豆腐を作ろうと思いました。私はファストフード店に入らず、そのまま店の前を通り過ぎました。私が通り過ぎてすぐ、そのファストフード店に車が突っ込みました。

おばあさん「あなたのラッキーアイテムは麻婆豆腐！」

なぜ、その時、突然麻婆豆腐を思い出したのか自分でもわかりませんが、あのまま店に入っていたら、私もお腹の中の息子も確実に事故に巻き込まれていたと思います。残念ながら占い師のおばあさんは亡くなり、直接お礼を言うことはできなくなってしまいました。おばあさんが言ったラッキーアイテム麻婆豆腐は、これからも食べ続けようと思います。

ちなみに、田辺さんはおばあさんに、「あなたの前世はモンゴルの女戦士」と言われていました。

エアお冷

どの職業も同じだと思いますが、お笑い芸人の世界も最初からお笑い芸人になりたくてなった人と、他の職種を経験してから芸人になった人がいます。

私は後者で、芸人になる前に少しの期間ですが社会人時代がありました（私の小学校の卒業アルバムの将来の夢に「お笑い芸人」と書いてあったのですが、全然記憶にありませんでした。たぶん、その時一番仲良しだった友達が書いたのをそのまま自分も書いたのだと思います）。

私は、大学時代、自分が将来何になりたいのか最後まで見つけられず、就職活動で一番最初に内定が取れた企業にそのまま就職しました。

そこは飲食業だったのですが、めちゃくちゃ体育会系で、自分で言うのもなんですが、雑炊と麻婆豆腐くらい私には合いませんでした。

私は接客業はアルバイトで経験していたので大丈夫だろうと思っていたのですが、私が配属された店舗はベテランのアルバイトばかりで、新入社員の私の役立たずっぷりがとても目立ってしまう職場でした。さらに私は萎縮するとミスを連発し、店には決められた動線（作業効率よく動くためのルート）があるのですが、私は怒られてはテンパリ、マリオカートのように動線を逆走し、さらに怒られました。

仕事のできない私はよく残業をさせられたのですが、その残業内容は「エ

アお冷」です。聞いたことのない単語だと思った人もいると思います。私が考えた名前だからです。

ある日、お冷の置き方が雑だと指摘された私は、仕事終わりに練習するように言われました。私はほぼ誰も来ないバックヤードに連れていかれました。

先輩「お盆をこう持って」

私「はい」

先輩は「お盆の角度は何度」と丁寧に教えてくれました（すみません。何度なのか忘れました）。そして先輩はエアのコップにエアのお冷を入れて、エアのお客さんに向かって

先輩「お冷でございます！　お冷でございます！　はい！　あなたも！」

私「え」

先輩「お冷でございます！　お冷でございます！　ほら！」

私「……あの、本物のコップに水を入れて練習しなくていいんですか？」

私は勇気を出して、跳ねるようにエアお冷をサービスし続ける先輩に質問しました。

先輩「だって、こぼしたら仕事増えるでしょ！」

その日だけかと思っていたら、それから私は毎日、エアお冷をすることになりました。

一日の仕事を終えた私は、タイムカードを切るとそのままお盆を持ち、バックヤードでエアコップにエアお冷を入れ、エアお客さんに

私「お冷でございます！　お冷でございます！」

と少し跳ねながら（先輩が跳ねていたから）、練習を続けました。私はエアお冷をやりながら、今日普通にお冷を提供する時に飛び跳ねて水をテーブルにこぼしたことを思い出しました。

私「お冷でございます！　お冷でございます！」

この練習は果たして意味があるのだろうか、今、店は突然の団体客でパニックになっているのに、私はここでエアお冷をしていていいのだろうかと思いました。しかし、ベテランアルバイトに「邪魔だからいらない」と言われたのを思い出し、私はエアお冷を続けました。

私「お冷でございます！　お冷でございます！」

エアお冷を１か月ほど続けても、私はお冷を置く時に「お前のお冷は乱暴だ！　ワイングラスなら割れていた！」と怒られていました。

私「お冷でございます！　お冷でございます！」

たまに見張りに来ていた先輩も、「もう帰っていいよ」と言いに来る以外で、監視に来ることもなくなっていました。

私「お冷でございます！　お冷でございます！」

私は誰もいないバックヤードで考えました。私が今「サザエでございます！　サザエでございます！」と言っても誰も気づかないのではないかと。

私「サザエでございます！　サザエでございます！」

私はその日、先輩が「もう帰っていいよ」と言いに来るまでサザエさんの練習をしました。

私「上を向いて〜あ〜るこっおおおおう〜」

私は社員時代、帰りの車の中で坂本九の『上を向いて歩こう』を歌いながらよく泣いていました（車通勤だったので、実は免許証を持っています。今は誇り高き立派なペーパードライバーです）。

私「涙が〜ああああ〜こぼれないいいいよおおおにいいいいい〜」

夜中に（24時を過ぎることもザラだったので）泣きながら運転する女を見て、対向車線の運転手がぎょっとするのがかすかにわかりました。

私「泣きながらあああある　うううう　くうう　一人ぼっちの夜ううう〜」

私は毎日が孤独でした。

私「……それからいろいろあって、私は退職したんだ」

田辺さん「あら〜！　大変だったのね〜！」

養成所時代、コンビを組んで少し経ってから、私は田辺さんに社会人時代の話をしました。

田辺さん「でも……ちゃんと前を向いて運転してよかったね！　危ないから！」

田辺さんが何が言いたいのかその時はわかりませんでしたが、『上を向いて歩こう』とかけて、粋なことを言おうとしていたんだと、家に帰ってから気がつきました。

私「いろいろあったけど、やっぱり一番の思い出はエアお冷だね」

田辺さん「私は今聞いた話の中なら、研修中の『使えない奴は撃ち殺せ！』ってパワーワードにビビったわ」

私「それも強烈だったけど、でも実際に私、撃ち殺されなかったから」

田辺さん「撃ち殺されなくてよかったよ」

私「ね！　私、撃ち殺されなくてよかった！　エアお冷はロングセラーな嫌がらせだったからね。いや、嫌がらせなのかな……私が使えない奴なだけで、ちゃんとした教育だったのかも……」

田辺さん「そんなの教育じゃないわよ!!　私がその職場にいたら絶対そんなことさせなかったよ!!」

田辺さんは私の元職場にすごく怒ってくれました。

私「田辺さんもサービス業で働いてたでしょ」

田辺さん「ええ」

私「あれ？　確か働いてた時は指導者側だったんだっけ？　前に聞いた気がする」

田辺さん「ええ。教育係やってたわ。誰かが持ってきた旅行のお土産って、暗黙の了解で1人1個ずつっぽいじゃない？　その旅行のお土産をばれないように2個もらう方法とか、そんなのばかり教えてたわ」

私は人の数だけいろいろな教育者がいるんだなと思いました。田辺さんは「エアでお冷の練習してもうまくなるわけないじゃない!!」と、私がずっと思っていたことを言ってくれました。

私「聞いてくれてありがとう。これで少しは気が晴れたよ」

田辺さん「ねえ、これコントにしない？」

私「え、エアお冷？」

田辺さん「悔しいもの！　使ってやりましょうよ!!」

私「これ面白いかな？」

田辺さん「ごめん！　聞いていて、正直かわいそうよりちょっと愉快が勝ったわ!!　エアお冷って何よ？　ぷぷぷっ」

田辺さんは正直者でした。それから私たちはエアお冷をコントにして、養成所時代、人生初めての『キングオブコント』の1回戦で披露しました。

田辺さん「お冷でございます!!　お冷でございます!!　リピートアフターミー!!　せいっ!!」

私「お冷でございます!!　お冷でございます!!」

田辺さん「お冷でございます!!　お冷でございます!!　もっと回転きかせて!!」

私「はいっ!　お冷でございます!!　お冷でございます!!」

誰にも見られずに一人ぼっちでやっていたエアお冷を、田辺さんと2人で、しかもたくさんの人の前でスポットライト（照明）を浴びてやる日が来るなんて、あの日の私は思いもしませんでした。私も田辺さんも先輩の教えてくれたステップで、飛び跳ねるようにエアお冷をやりました。

田辺さん「じゃあ次は、誰かが持ってきた旅行のお土産をさりげなく2個もらう動きよ!!」

私「はいっ!!」

田辺さん「ちょっとこれ、少なくなってきたのでまとめますねー!　さりげなく取る!　せいっ!」

私「ちょっとこれ、少なくなってきたのでまとめますねー!」

田辺さん「もっと素早く！」

私「はいっ！」

教育係だった頃の田辺さんの技とのコラボレーションもしました。結果はドラマではないのでややウケで、1回戦敗退でしたが、とても楽しかったです。

その後、中身を変えてこのコントを何度か披露したことで、私の中で「エアお冷」は、辛かった思い出から、田辺さんと考えた常にややウケのコントに記憶を移し替えることに成功しました。

田辺さん「胸がえぐれてる!!」

私「自前です!!」

と、オリジナルで入れた私の一反木綿のような体型いじりがこのネタで一番ウケたので

「私のこの体型も悪くないじゃん！」

って、自分を少し好きになるというおまけもつきました。

私、本当に
生まれた時から
田辺なのかな？

漫画・ぼる塾SFファンタジー

転生したら田辺さんだった

原作＝酒寄希望

漫画＝菜々子

たくさんの人が私を見ている

私はその人たちに向かって何かを話している

その人たちはそんな私を見て声を出して笑っている

私はそれがとてもうれしい

……さい！起きなさい！遅刻するわよ！！

……あと、5分…

遅刻するわよ！！お母さん知りませんよ！！

……うるさいな…いま…何時？

やばい！！遅刻する！！

だからずっと言ってるでしょ！！遅刻するわよって！！

もう！！お母さんなんで起こしてくれなかったの!?

ガバ

その……ぱち

ずっと起こしてたわよ。あんたが起きなかったの！

朝ごはんどうするの？

食べてる時間なんてないよ！！

今日はもう遅れて行きますって連絡したら？

ダメよ！！部長の私がいないと後輩に示しがつかないもん！

それならなんで昨日も夜遅くまで何かしてたの

あれは、生徒会のスピーチを考えてたの！

バレー部部長と生徒会長なんて両方やることないのに

…今じゃゆっくり
話せないだろ!

って、お前こんなに
のんびりしてて
大丈夫なのか?

わ、やばい!
遅刻しちゃう!!

遅刻したらハルトの
せいだからね!

なんでだよ!
おい!
気をつけろよー!!

話って
なんだろう……
まさか
告白とか!?

いや、そんな
まさかね!!

ん? あの犬。あんな
所で座り込んでる!?

危ないな……
車が来たら
轢かれちゃうよ

え! 轢かれ
ちゃう!!

わんちゃん
危ない!!
逃げて!!

ポクァー

コクリ
コクリ

!!

えーい!!
間に合って!!

キキー!!

……ここは
どこ？

大丈夫ですか？
田辺さん！

何この統一感のない
人たち……？

え
私は田辺
じゃない……

え！
ぼる塾のあんり？

え、なんで
ぼる塾のあんりが
ここにいるの？

田辺さん
寝ぼけてるん
ですか？

あ、田辺さん
起きたのー？

あ！ ぼる塾の
はるちゃんだ！

はい！
はるちゃんです！

って
ちょっとちょっとー！
確かに私はるちゃん
ですけど、なんか田辺さん
おかしくないですか？

そうなの。なんか
起きた時から田辺さん
おかしいんだよね

え!?
これは
どういう
こと？

なんで私

犬を助けよう
として……え？
どうして？

田辺さん
大丈夫ですか？

あ、ありがとう

あ、水…

そうかこの人
田辺って名前だった。

田辺さん本当に
大丈夫ですか？

田辺さん
大丈夫ですか？
舞台立てますか？

あ！　もうすぐ私たちの
出番だから2人を呼びに
来たんだった！

舞台？
何の？

漫才に決まってる
じゃないですか！

無理無理無理！

漫才！？

漫才なんて
したこと
ないもん!!

何言ってるん
ですか！
田辺さん！

だって
私ただの女子高生
だもん！

333

気がついたら私は
舞台の上に立っていた

もう
終わった
……

たくさんのお客さんが
私を見ている

どーもー
ぼる塾です

おねがいしまーす

私たちですね
小学校からの
幼馴染の……

私ね、早く
幸せになりたいん
ですよね

ちょっとそんな
口だけで
幸せに……

ハッ

このネタ
知ってる!!

妹に何回も
見せられた
やつ!

妹がぼる塾のファン

このネタなら
私覚えてる!!

何とかなる
かもしれない!!

幸い、私は生徒会長を
やっているから
人前で話すことには
慣れている

バレーだって
ボールを打たないと
試合にならない!!
えーい!! やったる!!

田辺さん
いつの間に
まぁねの使い方
覚えたんですか！

——とりあえず

今の私はぼる塾の
田辺になっている

どうやったら元の
世界に戻れるのか
わからないけど

ここで自分が女子高生だと
騒ぐよりも、今はぼる塾の
田辺になりきったほうが
いい気がする

今、女子高生って騒いでも
信じてもらえないだろうし

田辺さん
そっち階段ですよ

え、そうだね

田辺さんが
階段登るんですか？
あの大嫌いな階段を!?
エレベーターじゃなく!?

……あらやだ！
階段登ろうと
するなんて

私疲れてるの
かしら？
おほほ

え！

大丈夫ですか?
エレベーターは
こっちですよ

田辺さんは
階段が嫌いらしい
覚えておこう

田辺さん、
次の仕事、
カタラーナ作り
大丈夫ですか?

え、刀?
日本刀の仕事?

お菓子屋さんと
コラボして田辺さん
オリジナルのカタラーナを
開発するんですよ!

何言ってるんですか
カタラーナですよ

え?
カタラーナって
何?

田辺さんがカタラーナで
いくって言い出したん
じゃないですか!

え、カタラーナって
何!? 初めて聞いた
んだけど!!

カタナ?

おかし?

芸人なのになんで
カタラーナ
作るの!?

って言うか

私が今、田辺さんなら
本当の田辺さんは
どこにいるの?

私「……ここまで書いたんだけど、どうかな？」

勝手に「転たな」（『転生したら田辺さんだった』の略）の第1話を書いた私は、監修を請け負ってくれた田辺さんに読んでもらいました。

※田辺さんと私はたった2人の「転生したら田辺さんだった製作委員会」です。

私「最初は主人公をレインボーの池田くん（私たちの同期の芸人）にする予定だったけど、なんか申し訳ないから、架空の女子高生でいくことにしたよ」

田辺さん「まぁね！ 転生して田辺になるとか意味わからないものね！」

ちなみに、主人公の木村アリアと幼馴染の水野ハルトの名前は田辺さんに考えてもらったものをそのまま使いました。

田辺さん「読んだわ!! 最高!! カタラーナのところがとくにいいわ!!」

田辺さんはカタラーナのところをとても気に入ってくれたようで、そこばかり褒めてくれました。

田辺さん「カタラーナとてもいいわ。笑ったわ」

私「ありがとう。気に入ってもらえてよ

かった」

私は「転たな」で、田辺さんが宇宙で王位継承争いをすることはNGではないか確認しました。

田辺さん「大丈夫よ！ 戦うわ！」

私「田辺さん、何か使いたい能力とかある？」

田辺さん「あるある!! ずっと温めていた能力があるの!!!」

私は、田辺さんがネタやエピソードトークを温めていることを見たことがなかったので（ココアやカレーはよく温めていました）、一体どのような能力なのか尋ねました。

田辺さん「"りくろーおじさんのチーズケーキ"って能力よ!! どんな能力かっていうと、チーズケーキが焼き上がった呼び鈴の音が出せるの！ 焼きたての音がしたらみんなそっちに気がいくでしょ！ だから一瞬敵の隙を作ることができるの！」

一瞬だけ隙を作って、その後どうするんだろうと私は思いました。

私「え、転たなを漫画に!?」

ある日、出版の方から提案があり、勝

手に2人で楽しんでいた「転たな」が、あれよあれよと素晴らしい漫画になって皆さんに読んでもらえることになりました。

私「大変だよ！　転たなが漫画に!!」

田辺さん「え!?　転たなが漫画に!?　嘘！」

あんりちゃん「転たなって何ですか？」

はるちゃん「天ぷらですか？」

私は漫画になった「転たな」を3人に読んでもらいました。

あんりちゃん「すごく面白いです！笑っちゃいました！」

はるちゃん「『ぼる塾のあんり？』って女子高生が言うところ、めちゃくちゃ面白いです！」

あんりちゃん「確かに私、街とかで発見されると『ぼる塾のあんり！』って言われます！」

田辺さん「ねえねえ！　これね！　主人公と幼馴染の名前考えたの私なの！」

あんりちゃん「いやー、まさか田辺さんが宇宙で戦うことになった原因が私だったなんて……」

はるちゃん「これ、続き読みたいです！　アニメ化されたいです！」

みんなで盛り上がっていると、気がついたら田辺さんが大人しくなっていました。田辺さんは言いました。

田辺さん「ねえ、これ読んで私思ったんだけどさ」

はるちゃん「私、ちょっとトイレに行ってきます！」

はるちゃんはいつも絶妙なタイミングでトイレに行きます。

田辺さん「ねえ、これ読んで私思ったんだけどさ」

はるちゃんがトイレに行くと、田辺さんは全く同じ台詞を言い直しました。

あんりちゃん「どうしたんですか？」

田辺さん「私も本当に生まれた時から田辺なのかな？」

私「え？」

田辺さん「もしかして、今の私もこの女子高生みたいに途中から田辺さんになったってことないかな？」

あんりちゃん「何言ってるんですか？」

342

私「田辺さん、大丈夫？」

田辺さん「いや、現実でもさ、私のモノマネしてくれる人がいるんだけど、私よりみんな田辺がうまいのよ。**私より田辺すぎる人がたくさんいる!!**」

急に怯えだした田辺さんに、あんりちゃんが優しく言いました。

あんりちゃん「大丈夫ですよ。田辺さん。みんな田辺さんのことが大好きすぎて、田辺さんならこう言うとか、田辺さんならこうするを本人よりわかってるんです！　だから私も田辺さんになれさえすれば余裕で田辺さんをできると思います」

田辺さん「本当？　それならよかった！」

「転たな」の最終話は、「そして世界は全て田辺に！」に決まりそうです。

酒寄さん編

私はリーダー

私は一応ぼる塾のリーダーです。もともとぼる塾4人の中でリーダー的な存在だったわけではなく、休んでいたら勝手にリーダーにされました。

以前どこかでも説明したことがあるのですが、ある日、ぼる塾が出ているテレビ番組を見ていたらあんりちゃんが、

「ぼる塾のリーダーは酒寄さんです」

と言っていたので、自分がぼる塾のリーダーだと初めて知りました。

私は今まで生きてきてリーダー的な役割をしたことはありませんでした。常に隅のほうで息を潜めて、決まったことに従うタイプでした。

試しに、今インターネットにあった適当なリーダー資質診断をやってみたら75％とそんなに悪くない結果でした。少し内容を読んでみましょう。

"あなたはリーダー資質を十分に持っていて、人を引きつける魅力があり、あなたの発する意見や行いは多くの人に期待を抱かせ、夢を与えます"

私、めちゃくちゃ良いじゃん！

と、思ったら、ただし、お調子者でツメが甘いところがたまにキズ。たっ

た一度の失敗や些細な過ちのせいで、一瞬にして信用を失うことにもなり
かねません、とのこと。

え、75％で合ってる？　ってくらい辛辣なことが書かれてました。リー
ダーとして自覚を持つことで、それを防ぐことができるでしょうと、アド
バイスにも書かれていました。

俺がリーダーだ!!

これでとりあえず大丈夫だと思います。

ピンチの収録

ピンチは突然やってきます。

ある日、はるちゃんと田辺さんから個別でほぼ同時に連絡がきました。あんりちゃんが発熱して、急遽、収録に2人で挑まなくてはいけなくなったそうです。そしてあんりちゃんがやるはずだった番組のコーナーに田辺さんが挑戦することになったのです。

はるちゃん「酒寄さん!!　大変です!!」

田辺さん「どうしよう!!　助けて!!」

はるちゃんからのLINEは今まで一度も見たことのない大量の涙の絵文字が並んでいました。田辺さんの助けては何度も聞いていますが、今回はあんりちゃんの不在（しかも突然の）に、いつも以上に焦っているのが伝わってきました。

そういえば田辺さんの助けてといえば、昔、

田辺さん「今度、中尾彬さんと仕事で初めてご一緒させていただくんだけど、何を話せばいいかしら？」

と相談されたことがありました。私もお会いしたことないのに。その時は

イタコのように、自分に中尾彬さんを降ろして一人二役をシミュレーションして田辺さんにアドバイスしました。

話を戻します。

もし私が急遽あんりちゃん不在の収録に出るとなったらとても怖いので、なんとか２人の力になってあげたいと思いました。私はぼる塾のリーダーですし、リーダーとはこういう時に判断能力を求められるものなのです（って、インターネットに書いてありました）。

田辺さん「ねえ、私って何？」

収録までそんなに時間はないのに、田辺さんからは、このままインドに自分探しに出てしまいそうな質問が飛び出してきました。

２人からそれぞれ心配事を聞いて、私はできる限り２人にアドバイスをしました。

はるちゃん「それいいでふね！」

はるちゃんから、ちょっと気になる誤字で返ってきました。

田辺さん「ありがとう！　全部いただいていくね！」

田辺さんは、やり手の怪盗のように言ってきました。

私「２人は大丈夫！　私、応援団団長だからね（今考えたら私はリーダーでは？）！」

私は意味不明な励ましの言葉で2人を送り出しました。しかし今回のことで、私は日頃いかにあんりちゃんに頼りっぱなしであるかを痛感しました。あんりちゃんのためにもっと普段から頑張ろうと心に誓いました。

収録がどうなったか気になりながら過ごしていると、田辺さんから

「なんとかなった！　ありがとう！」

と連絡がきました。

田辺さん「酒寄さん、アドバイスありがとう！　本当に助かったわ！」

私「よかった！　気になってたのよ！」

田辺さん「ミラクルが起きて！　吉田沙保里さんが怖がった虫を、ハプニングで私が仕留めちゃったの！」

田辺さんは霊長類最強になっていました。

収録終わりの報告

その日、私は一日落ち着きませんでした。何度も携帯電話を見て、田辺さんから連絡がきていないか確認していました。

「……あ！　田辺さんからだ！」

何度目かの確認で携帯電話を開くと、ちょうど田辺さんから連絡がきていました。

田辺さん「座王になった！」

『千原ジュニアの座王』は大喜利やモノボケなど即興ネタを競い合い、即興力ナンバーワンを決めるお笑い番組です。

田辺さん「今日、座王の収録があるの！　酒寄さん、応援していて!!」

と、連絡をもらっていたので、私の頭の中のチアリーダーを集結させて一日応援していました。

私がぼる塾のリーダーとして一番している仕事。それが応援です。

その応援が届いたかはわかりませんが、田辺さんはたくさんのライバルの中で見事優勝したのです。

私「やったー！　おめでとう！」

田辺さん「ばんざーい！」

田辺さんはその日どんな面白い人たちがいたか、どんなに頑張ったかを教えてくれました（後で放送を見たら、田辺さんはうまく気配を消して戦わずに最後の２人まで残り、いきなり決勝に進出して一度だけ戦って優勝していました）。

私はその時思い出しました。座王は大阪での収録なので、田辺さんの大好きなりくろーおじさんの店のチーズケーキが買えるのです。

私「勝利のりくろーおじさんできるね!!」

田辺さん「今並んでる」

私はチーズケーキを待つための繋ぎに使われていたのです。

田辺さんからLINEで「２つ勝（買）っちゃったわ」と座王の余韻に浸っている誤字がきました。田辺さんへの返信を書いていると、あんりちゃん、はるちゃん、田辺さん、私の４人のLINEグループにはるちゃんから連絡がありました。

はるちゃん「田辺さん、座王になったよ!!」

はるちゃんは、田辺さんが座王になったことを教えてくれるために連絡してくれたのでした。はるちゃんも１つ前の回の収録で決勝までいって惜しくも座王になれなかったらしく、あんりちゃんが「はるちゃんも田辺さ

んもすごく面白かったんです‼」と教えてくれました（放送を見たら、は
るちゃんは何度も戦って勝ち上がり決勝にいってました）。

私はぼる塾は仲が良く、お互いを尊敬し合い、きちんとコミュニケーショ
ンがとれているとても良いチームだと思いました（この感想、リーダーっ
ぽいですね）。

はるちゃん「うまく回答できないところあったんです！　後悔だらけ！」

はるちゃんはおちゃらけて見えますが、お笑いに対してとても真面目です。

あんりちゃん「後悔するのは良いことだよ。次に繋げよう！」

あんりちゃんはテレビでは辛口のツッコミを入れますが、誰よりも優しい
です。

田辺さん「たこ焼き食べる」

田辺さんはたこ焼きを食べるようです。

あんりちゃん「田辺さん、座王おめでとう！」

はるちゃん（うさぎが拍手しているスタンプ）

田辺さん「しゅうまい、肉まんも食べるよ」

田辺さんだけ会話の流れがおかしいと思いました。すると、

田辺さん「かつお節詰まって咳き込んでる。辛い」

ときました。私は以前あんりちゃんが

「田辺さんが調子乗ったり意地悪いことすると、気持ち良いほどすぐに痛い目にあうんです」

と言っていたことを思い出しました。私が一応「大丈夫？」と返信すると、

田辺さん「神様、私たちのLINEのやりとりチェックしてるね！」

神様はそんな暇じゃないだろって思いました。

リーダーあのね

メンバーの状態を知っておくのもリーダーの仕事です。

すみません。かっこつけましたが、ただ私が寂しいから頻繁に連絡を取っているだけです。

ぼる塾は仕事で地方に行くことがあります。私はその旅先の話を3人から聞くのがとても好きです。

その日は『ぼる部屋』（ぼる塾の初冠番組です。ありがたい！）の収録のために3人は福岡に行っていることは聞いていました。あんりちゃんに「元気？」と連絡をすると、

あんりちゃん「田辺さんとはるちゃんが同じリンゴジュース頼んだら、明らかに田辺さんのほうが量多くて、田辺さんがわざわざ並べてりんごジュースでマウントとってはるちゃんをいじめたので注意しました」

私は、先におばあちゃんの家に遊びに行かせた子供たちに連絡したかと思いました。

私「田辺さんを注意してくれてありがとう！」

あんりちゃん「いえ！　田辺さん福岡でもひどいんですよ！」

私「福岡でもひどいんだ」

私は田辺さんは全国どこでもひどいんだなって思いました。あんりちゃんは、いかに田辺さんがひどいか説明してくれました。

あんりちゃん「はい！　さっき福岡のホテルで朝食とってたんですけど、集合時間より余裕を持って1時間前に集まったのに、はるちゃんが全ての荷物を持って朝食にやってきて、『あんた、そんな大荷物で食べにくいでしょ』って私は心配して、田辺さんは『そんな大荷物で朝食来る人、初めて見たよ』ってケタケタ笑いだして」

私は田辺さんがよくする遊戯王カードの強欲な壺みたいな笑い方を思い出しました（以前田辺さんに画像を見せたら、「これモデル私？」と驚いてました）。

あんりちゃん「その後もご飯食べながら、はるちゃんが『部屋に暖房ありました？』って聞いてきて、『あったよ！　あの回すやつ！　LowとかHighとかあったでしょ？』って言ったら、『あれ暖房だったんだ！　換気扇かと思った！』ってはるちゃんが言うのを聞いて、また田辺さんが『何に使う換気扇よ！　暖房に決まってるじゃない』とまたケタケタ笑ってて」

私「田辺さん、笑いっぱなしだね」

あんりちゃん「それでさっきのジュース事件があったので、『さっきからひどいですよ！　なんで意地悪するんですか！』って私が田辺さんを責めたら、

『はるちゃんの失敗が楽しくてたまらないの』と反省した顔で言ってまし

た！　たぶん共同生活のストレスたまりまくってます!!」

田辺さんは、はるちゃんに悪いことが起こるととても喜びます。

以前、寒い日にはるちゃんが半袖を着てきてしまったことがありました。寒がっているはるちゃんを田辺さんが喜び、それをあんりちゃんに怒られていたのを私は見ていました。その時はるちゃんは半袖の重ね着をしていたので、心の中で

　（はるちゃん、重ね着しているのに寒がってる……ぷぷぷ）

と、ちょっと面白がってしまった私は、もしかしたら田辺さんのようにあんりちゃんに怒られるんじゃないかとドキドキしていました。怒られなくてよかったです。

話がそれました。すみません。

しかし、田辺さんがはるちゃんの不幸を喜ぶのは私もよくないと思ったので、以前、どうしてそんなに喜ぶのか聞いてみたら、

田辺さん「いつも上に乗っかってきたりするから、それの仕返しよ！」

と、田辺さんは思い出し怒りをして言いました。はるちゃんは田辺さんが寝転がっていると、すぐ上に飛び乗るのです。

私「何、そのメイちゃんに実はキレてるトトロみたいな理由」

田辺さん「本当にそれよ！　怒ってるよ！　お腹の上に乗られたら！」

私「トトロの気持ちがわかるって、田辺さんすごいね！」

田辺さん「まぁね!!　トトロに感情移入して泣けてくるよ」

私「トトロに感情移入してる人、初めて見た」

田辺さん「私の怒りはトトロの復讐だよ！」

私はその時、ジブリに謝ってほしいと思いました。そんなことを思い出していると、あんりちゃんから続きの報告が始まりました。

あんりちゃん「酒寄さん、ここからが本番です！」

私「何、何？」

あんりちゃん「田辺さんが最後の意地悪で、食後のコーヒーを素早く飲み干して『私は部屋でゆっくりするよ！　荷物持ってきちゃったあんたはここで待ってな』って席を立ったんですけど、
田辺さんが店を出た後、はるちゃんだけ残っていたらすぐにデザートがきて、食べ損ねてました！
田辺さん、すぐバチ当たってました！」

あんりちゃんは「神様って田辺さんのこと見てるんじゃないかって思います。田辺さんが調子に乗ると、必ずバチが当たるんですよ」と、いつかの田辺さんと同じことを言っていました。

私のリーダーとしての働きを紹介しようとしたら、なぜか田辺さんにバチが当たるオチが多めになってしまいました。しかし、田辺さんにバチが当

たると話のオチを考えなくて済むので助かります。ありがとう田辺さん!!

結論。ぼる塾はお互いを助け合えるとても良いチームです！

妊娠から出産まで

いつもあんりちゃん、はるちゃん、田辺さんのことを書いているのですが、
ありがたいことに、

「酒寄さんの話も読んでみたいです」

というコメントをもらえることがあります。うれしいです。今回はそのコメントをくれた方が読んでくれているかもしれないので、自分のことを書いてみようと思います（どうかあのコメントが、私の見た夢の中の話じゃありませんように）。

自分のことを書こうと思った時、いろいろ変化があった妊娠、出産までの記録に挑戦してみようと思いました。

私が妊娠した時、さすがに一番に夫に報告しましたが、2番目に田辺さんに報告をしました。

田辺さん「おめでとう!!　ばんざーい!!」

田辺さんは私の報告を聞いてすごく喜んでくれました。しかし、私の妊娠によって問題も発生しました。コンビを続けていくかどうかということです。売れる前の女芸人が、結婚や出産を機にそのまま芸人を辞めていくのを私たちは見てきました。

私「これからについて話し合おう」

もし、コンビを続けていくなら、出産から子育てと長期の休みに私は入ることになります。その間、田辺さんは1人で活動しなくてはいけません。

田辺さん「最初に私の気持ちを言ってもいいかしら？」

私「うん」

田辺さん「私は酒寄さんとコンビを続けたい。酒寄さんがお笑いを続けたいと思うなら、私は絶対酒寄さんが帰ってこられるように舞台に立って、酒寄さんの居場所を守り続けるよ」

私「田辺さん……！」

田辺さん「あ、でも！　無理強いはしないよ！」

私は驚きました。今までの田辺さんは自分の主張をせずに、

「酒寄さんのしたいように合わせるよ」

「酒寄さんはどうしたい？」

「私は何でもいいよ！」

と全てを私に委ねるところがあり、それが原因で大喧嘩をしたこともありました。しかし、その田辺さんが私と一緒にお笑いをやりたいと言ってくれたのです。

私「……私は、私も、田辺さんとお笑い続けたい」

田辺さん「本当？　よかった！　私、守るのは得意よ!!　体育の授業で
サッカーはゴールキーパー頼まれたからね！　田辺になら安心して任せ
られるって！
私、合唱部なのに!!」

この時、田辺さんは猫塾田辺として私が休んでいる間はピン芸人として活
動を続けていくことが決まりました。

田辺さん「酒寄さん、出産祝い何欲しい？」

私「気が早いよ！」

その後、あんりちゃんとはるちゃんのコンビ「しんぼる」との初めての
ツーマンライブ「ぼる塾」の直前でつわりが始まり、私は産休に入りまし
た（偶然ですが、このタイミングでのつわりだったので、田辺さんの次に
妊娠を報告したのがあんりちゃんとはるちゃんになりました）。

私「しんぼると猫塾でやる記念すべき第1回のライブだったのに、ごめん」

あんりちゃん「いえいえ！　めちゃくちゃおめでとうございますです
よ！　酒寄さんお子さん生まれたら、子育て手伝いますからね！」

はるちゃん「私たちで育てましょう！」

私「迷惑かけたのに……ありがとう!!」

この時、まさか2人がこの後相方になって、本当に一緒に育ててくれることになるなんて想像していませんでした。

産休に入り、芸人の仕事が一切なくなると生活は一変しました。

私「あー……つわりってこんなにしんどいなんて……」

私はつわりがひどく、2か月ほど家に引きこもっていました。よく、炊きたてのお米の匂いがダメになるなんて話を聞いていましたが、まさか自分もそうなるなんて思いもしませんでした。

私「気持ち悪い……一日が長い」

田辺さんとコンビを結成してからほぼ毎日会っていたので、こんなに田辺さんと会わないのは初めてのことでした。会っていない期間、田辺さんは毎日連絡をくれました。

田辺さん「はーい。体調は大丈夫？　私は元気よ！」

私「……つわりって辛いね」

田辺さん「あら！　心配よ！　何か食べられた？」

私「……パスタサラダ食べたよ。パスタサラダだけはなんとか食べられるから」

田辺さん「おしゃれなつわりね！」

私が産休に入ってからの田辺さんは社員さんの厚意で、もともと私たちが出演していたランキングバトルのライブにピン芸人として出させてもらっていました。

しかし、コンビの芸人が仮でピン芸人としてライブに出演していたので、田辺さんは審査対象外になり、どんなに笑いをとっても上のランキングに上がることはできないことになっていました。

田辺さん「今日のライブ、私が一番ウケたよ！」

私「すごいじゃん！」

田辺さんは、自分が一番ウケていたといつも報告してくれていましたが、あんりちゃんから後から聞いた話だと、「いや、田辺さんのピンネタ、見ていられなかったですよ」とのことでした。

私「田辺さん！　久しぶり！」

田辺さん「はーい！　酒寄さん！　久しぶり！　会いたかったわ！」

私のつわりが終わってすぐに、田辺さんが会いに来てくれました。

田辺さん「今ね！　私、英語の勉強してるの！」

お茶をしようと入ったファミレスで、田辺さんは英語の参考書を見せてくれました。ラインマーカーがたくさん引かれています。

田辺さん「今は仮のピン芸人だから、テレビのオーディションとかあまり

こなくなっちゃって。だけど、この空いた時間に勉強しようって思った
の！　ずっと英語勉強するする詐欺してたからね！」

私「田辺さん偉すぎるよ」

田辺さん「まぁねー。いつか留学もしてみたいわ！」

そして田辺さんは覚えた英語を披露してくれました。

田辺さん「実は僕はヴァンパイアなんだ」（英語で）

田辺さん「毛玉がすごいですね」（英語で）

田辺さんは「まず、それ覚える？」というような英語を披露してくれま
した。でも、もし田辺さんが本当にヴァンパイアだったら、すごいカミン
グアウトをされたことになるなと思いました。

その後も、田辺さんはちょくちょく時間を見つけては私に会いに来てくれ
ました。

田辺さん「友人の付き添いで、私も街コンに参加することになったわ！」

ある時は街コン参加を報告してくれて、一緒に街コンに勝つために必要な
ことは何かと真剣に話し合いました。

話し合った結果、「自分がやられて嫌なことは相手にしない」という道徳
の教科書のような答えを導き出しました。そして、街コンに行った田辺さ
んは終わりですぐに報告してくれ、

田辺さん「自分がされて嫌なことはしなかったよ！　ただね！　本当に何も起こらなかった！」

と、以前持っていたペットボトルの飲み口に鳩のフンがダイブしてくるようなミラクルを起こした田辺さんが、街コンに対しては「本当に何も話すことがない」と言ってました。

また、ある時は、

田辺さん「そうそう！　今度シンガポール旅行をすることにしたわ！」

私「お、英語の勉強を実際に試すの？」

田辺さん「いや、コナンの映画の聖地巡礼！」

そう言って、田辺さんは本当にシンガポール旅行に行き、税関で怪しい人間だと止められたそうです。

そんな田辺さんの愉快な話を聞きながら、私はマタニティーライフを送っていましたが、ある時、昼間に外出先のトイレで出血しました。慌てて病院に行くと、

先生「赤ちゃんが下がってきてますね。今産んでも正期産になりますが、まだお腹の子が小さいので、管理入院しましょう。無理に出産はせずに、安静にして様子を見ましょう」

予定日まで1か月ほどあったので、万が一のトラブルを防ぐために管理入院をすることになりました。突然の入院に動揺しましたが、病院のご飯

が美味しくてすぐに落ち着きました（ご飯が美味しいというのは人の心にとって、とても大切だと思いました）。

「入院することになりました」と連絡をしたら、夫が必要なものを持ってお見舞いに来てくれました。

夫「びっくりした。大丈夫？」

私「大丈夫です。とても元気です。先生がもし生まれそうになっちゃったらそうなっちゃったで、産みましょうって言ってました」

夫「じゃあ、もう生まれるってこと？」

私「いや、もしもの話ですよ。今回は管理入院らしいです。１週間くらい安静にしましょうって。……あ、痛ててて」

夫「どうしたの？　大丈夫？」

私「あー、痛てててて……あ、痛くなくなりました。なんかさっきから急にお腹が痛くなったりするんですよ。なんでかわからないですけど」

夫「え、大丈夫？」

私「大丈夫です。やっぱり出血したのが原因なんですかね。わからないけど。でもずっと痛いわけじゃないので。我慢できます」

夫「……それ陣痛なんじゃない？」

私「いやー、まさか！」

その後、「何かあったらすぐ連絡して」と言って夫は帰っていきました。私はたまに来る謎の痛みに我慢して我慢して、ついに真夜中に我慢ができなくなり、迷った末ナースコールをして看護師さんを呼びました。

私「……真夜中にすみません。なんかお腹痛くて」

看護師さん「あ、もう生まれますよ！　あなた、なんでここまで我慢してたの！　すぐに生まれるわよ！　ご家族に連絡するならすぐにして！」

私がずっと我慢していたものは、まさかの陣痛だったのです。私は夫と田辺さんに「これから出産します」と連絡を入れました。夫は何かを感じて起きていたらしく、「今から向かいます」と返事があり、田辺さんは深夜アニメを見て起きていたらしく「あら！　え!?　パワー送るわ!!!」と返事がありました。

看護師さん「行けますか？」

私「……はい!!　あ、いや、ちょっと待ってください!!　……行けます!!」

その後、私は息子を出産しました。生まれた息子は体こそ小さかったのですが、とても元気に生まれてきてくれました。この時の気持ちは一生忘れないと思います。駆けつけてくれた夫と感動を分かち合った後、私が落ち着いたのを見て、夫が「あのさ……」と携帯電話の画面を見せてきました。私が出産に入る前に意識が朦朧として夫に送ったLINEのメッセージでした。

夫「私にもしものことがあったら田辺さんをよろしくお願いします、って、

どさくさに紛れてとんでもないものよろしくされたって思った。本当に無事でよかった」

私はこんな時に誰に何を頼んでるんだって思いました。

そして自分の話を書いていたつもりが、今回も結構田辺さんの話になってしまいました。

４人目の不安

最初、ぼる塾を結成する時に私は自分も誘われたことに、驚きました。

私が初めて３人のネタを見た時、とても面白くて、３人なら絶対に世に出ることができると思いました。

しんぼると猫塾では叶わなかった夢が、ぼる塾なら実現できる。

そこに私はいないけど、３人の苦労も努力も知っているし、何よりとても面白いこのトリオがM-1グランプリだけの期間限定ユニットで終わってしまうなんてもったいないと思いました。

（ぼる塾の始まりは、私が産休に入ったために私と田辺さんのコンビの猫塾が活動停止となり、ピンになってしまった田辺さんがM-1に出るためにしんぼると組んだ期間限定ユニットでした）

ですから、田辺さんに「ぼる塾を正式に組みたい」と言われた時は仕方ない、が大きかったです。猫塾が終わる。悲しい、悔しい、いろいろありましたが、綺麗事ではなく、一番は「これで田辺さんの面白さが世間に知ってもらえる」でした。

しかし、田辺さんは続けて言いました。

田辺さん「酒寄さんも一緒にぼる塾になろう」

私「え？　何言ってるの？」

田辺さん「4人でぼる塾になろう。あんりもはるちゃんも酒寄さんも一緒がいいって！」

私「ダメだよ。私、邪魔だよ」

田辺さん「邪魔じゃないよ!!　私は酒寄さんが必要だもの!!　あんりもはるちゃんもそうだよ!!」

その後、あんりちゃんとはるちゃんと4人で集まり、2人から

「3人より4人のほうが絶対楽しい。私たちの相方になってください」

と、正式にぼる塾への誘いを受けました。

「酒寄さんのネタの面白さが必要」

「笑いのセンスが好き」

「酒寄さんのキャラクターもいたほうが、今以上の化学反応を起こす」

そんな感じのいろいろな理由は言われずに、ただ私にいてほしいのは、

「4人のほうが楽しいから」

という理由がとてもうれしくて、私はぼる塾に入ることを決めました。あの時の3人の誘い方は、学生時代に放課後クラスメイトから、

「一緒にカラオケ行こう！」

と誘われて「私もいいの？」と聞いたら、

「うん！　だって酒寄さんもいたほうが絶対楽しいもん！」

そう笑顔で言われてうれしかった思い出に似ていました。

ぼる塾を結成し、あんりちゃん、はるちゃん、田辺さんの3人はすぐに人気者になりました。私はテレビに出る3人を見て「すごい！　すごい！」と喜びました。

しかし、時間が経つにつれて、3人の活躍をすごいと思う気持ちが純粋な喜びだけではなくなっていきました。どんどん人気者になっていく3人と取り残されている私。猫塾時代に田辺さんと

「いつか一緒に出たいね！」

と話していた番組にぼる塾が出演して、田辺さんが

「まぁねー！」

をして笑いをとっているのを見て、あー、私も田辺さんの隣にいたかったなと初めて泣きました。その番組のぼる塾はとても面白かったです。

自分が必要ないのではないかと思う気持ちが日に日に強くなっていきました。

私「私はぼる塾に必要ない気がする」

ある時、私は田辺さんに伝えました。あんりちゃんとはるちゃんにはまだ言えませんでした。

田辺さん「何言ってるの。酒寄さんは必要よ！」

私「今なら間に合うから、やっぱり私はいなかったことにしてほしい」

田辺さん「なんで？　どうして？」

私「みんな言ってるよ。ぼる塾に4人目がいるらしいけど、4人目いらないよねって」

田辺さん「みんなって誰？」

私「みんなはみんなだよ！」

田辺さん「その人たちはぼる塾なの？　ぼる塾が酒寄さんを必要としてるんだよ！」

私「でも、見ていて3人のバランス完璧だし、今が完成形だよ！」

田辺さん「酒寄さんもいないとぼる塾じゃないわよ。酒寄さんがいないと、もう私が田辺じゃなくなるよ！」

私は自分がぼる塾を抜けることによって、田辺さんが山田さんになってしまうところを想像しました。

はるちゃん「どーも、ぼる塾です」

あんりちゃん「よろしくお願いします」

山田さん「はーい！　いい女の山田よー！」

想像したら、思わずちょっと笑ってしまいました。

私「田辺さんが山田さんになるかもしれないね」

田辺さん「そうね！　山田になるかもしれないよ！　どうするの!?」

私「それは困るね」

田辺さん「困るよー！」

私「はるちゃんが、『私とあんりは26歳で、山田さんだけ37歳なんですよー』とか言うのかな」

田辺さん「私、山田に慣れてないから、たぶん自分って思わないで返事しないでネタが変な感じになるよ。はいー！　でたー！　若さアピールする女ー！　って、私すぐ言えないわ」

私「それは困るね」

田辺さん「困るよ。あんりが怒るよ！　『山田さん!!　ちゃんとしてください!!』って!!」

私たちは山田さんに怒るあんりちゃんを想像して2人して少し笑いました。少し私が落ち着いたのがわかったのか、田辺さんは改めて私に質問してきました。

田辺さん「酒寄さんはぼる塾を辞めたいの？　芸人を続けたくない？」

私「正直わからない。……いや、違う、たぶん嫉妬なんだろうね」

私は「今の3人のバランスが良いから、自分は必要ない」などとかっこつけて言っていたけれど、もともとあった面白さにプラスして、どんどん面白くなる3人に芸人として嫉妬している部分があったことを正直に話しました。

田辺さん「酒寄さんが本当にもう芸人辞めたい！って思ってるんじゃなかったら、私はぼる塾にいてほしいよ。本当に、私、酒寄さんいなかったら田辺じゃないし」

私「田辺さん」

田辺さん「もし、今のぼる塾が酒寄さんを傷つけるようなやり方だったなら改善するし、ごめんね。そういうのは長い付き合いの私が気づいてあげなきゃいけないところだったのに」

私「いや！　本当にごめん！　私のわがままと嫉妬だから！　ただ、今の3人のバランスが完璧すぎて、復帰した後のぼる塾での自分の立ち位置

というか自分のポジションが本当に見えなくて！」

田辺さん「なんで？　今４人で仲良しじゃない。今のままでいいのよ」

私「でもネタの時とか」

田辺さん「そんなの復帰した後で考えたらいいわよ‼　酒寄さんは何にでもなれるってこと！　無限の可能性よ‼」

私「田辺さん、めちゃくちゃポジティブに考えられるね」

田辺さん「まぁねー。酒寄さんのこといらないっていう意見があったとしたら、あれよ！　仲良しの３姉妹と思っていたら、実はその家にはもう１人次女がいて、

『あんたの家、長女と３女と４女で仲良しなのが好きだから、次女いらなくない？』

って、まじ意味不明なこと言ってる人だと思えばいいのよ‼」

私「何それ、まじ意味不明だね！」

田辺さん「本当よ！　私も言っててよくわからないわ！」

この時、田辺さんに先に伝えたことによって、後日、あんりちゃんとはるちゃんには冷静になって思っていたことを話すことができました。

あんりちゃん「酒寄さんもいてぼる塾ですよ‼　酒寄さんいなかったら私、

終わります!!」

はるちゃん「ママもいなきゃやだー！」

冷静になって考えてみると、あんりちゃんがネタ作りの時、常に私の意見を重んじてくれたり、はるちゃんがぼる塾は4人組であることをいつも強調してくれることを思い出しました。私は3人に大切にしてもらっていることを忘れていたのです。

私「ごめん、私、自分ばっかりだったわ」

田辺さん「私なんて常に自分ばっかりよ」

あんりちゃん「田辺さんには思いやりの気持ちが必要ですね」

はるちゃん「田辺さーん！　重いのは体重だけにしてくださーい!!」

田辺さん「あんた、あっちに行って!!」

こうして、私はぼる塾を脱退しないで済みました。いつか、結局私がぼる塾を辞めるようなことがあったら、ぼる塾の暴露本でも書こうかと思います（田辺さんが昔、私の家でカーペットの上で寝転がりながらルマンドを食べたこととかばらそうと思います）。冗談です。田辺ルマンド事件は本当ですが。

私は、あんりちゃん、はるちゃん、田辺さんのおかげでぼる塾であることに自信を持ちました。しかし、実はもう一つ、ぼる塾として自信をなくしていた私を支えてくれた人がいます。

それは『ポリス×戦士 ラブパトリーナ！』という日曜日の朝に放送していた少女向けの特撮テレビドラマです。

悪と戦う変身ヒロイングループの活躍を通して、彼女たちの成長や友情を描くストーリーなのですが、その中で七色ソラちゃんという女の子がいます。

もともとラブパトリーナはなんとなくで見ていたのですが、彼女は主人公のクラスメイトとして登場し、主人公たちの力になりたい、でも、自分には戦うことはできないと思い、ひみつ本部でお手伝いをする「ラブパトサポート」という裏方にまわります。

私（この子は主人公たちと一緒に変身してラブパトリーナとして戦わないのか）

ラブパトリーナの３人（ラブパトリーナもちょうど３人でした）を支える裏方として、ソラちゃんはいつも本部でみんなを手助けします。私は勝手にソラちゃんと自分を重ねて（私もぼる塾サポートなので）、ラブパトリーナを見るようになりました。

ソラちゃん「みんなは私が守ります！」

そしてついにあの伝説の第12話で、敵との戦いでピンチに陥った３人を助けるために、ソラちゃんのその強いラブの力で覚醒し、４人目のラブパトリーナ・ラブパトシャインに変身できたのです！

私「やった!!　ついに変身できた!!　よかったね……ソラちゃん……ラブパトになれて本当によかったね……！」

日曜日の朝から私は涙しました。そして私は思いました。

私（私はソラちゃんのラブパトを思う気持ちほどぼる塾のことを考えているだろうか、まだまだ足りない気がする……私ももっともっと頑張らないといけない！　私にできることは何だろう……3人のために頑張りたい!!　私もぼる塾に変身したい!!）

こうして私は、いつか3人がピンチに陥ったら私がぼる塾に変身して3人を助けるんだ！　という目標ができたのです（私の復帰のタイミングは、3人のピンチの時ってことになってしまいますね）。

でも、本当に同じ4人組ってことで無理矢理、感情移入させてもらい、毎週頑張るラブパトリーナに救われました。

ありがとう、ラブパトリーナ!!

私のぼる塾としての意識改革をしてくれたラブパトリーナに感謝の気持ちを述べて、この話は終わりたいと思います。

おわりに

　早いものでこの本も残すところ、このおわりのご挨拶だけとなって
しまいました。

　ここでみなさんにどうしてもお伝えしたいことがあります。メン
バー紹介の文章を提出してオッケーをもらった後にあんりちゃんから
「すみません！　なりたい動物はパンダでお願いします！」と連絡が
ありました。私はあんりちゃんに「なりたい動物は何？」という質
問をしたことを忘れてメンバー紹介を書いて提出してしまったのです。
どうしようか迷っているとあんりちゃんから再び連絡があり、「すみ
ません！　やっぱりシャチに変更してもいいですか？　あんなに最
強なのに、あんなに謎に可愛いくて魅力的すぎるシャチが一番好きで
した！　シャチがショーの休憩中に飼育委員さんに甘えている動画
があるのですが、たぶん私が一番再生しているってくらいいつも見て
ます！」

　みなさん、あんりちゃんがなりたい動物はシャチです！　間に合っ
てよかったです。

　この流れで本を作るときのちょっとした裏話をさせてください。本
に収録するために今まで書いた話を読み直したのですが、改めて読む
と「田辺さん田辺さん……また田辺さんかよ！」あまりの田辺さんの
連続にちょっと田辺酔いするほどでした。そんなときに現在の田辺さ
んから「ねえ、じゃこ天そばって食べたことある？」と無視できない
内容の連絡があり、さらに自分の中の田辺濃度を上げていきました。

　ちなみにはるちゃんから最近送られてきた連絡は「集中！夢中！
ハイチュウ！」でした。とてもいい言葉なので超える返事が見つか

らずに寝かせています。

　この本にもちょこちょこ登場した息子ですが、彼の好きな童謡に「どんな色がすき」という歌があります。その歌にはあか、あお、きいろ、みどり色が登場して、なんだかぼる塾みたいだなと思いました。私も好きになり、この本を作るときによく聴いていました。

　ぼる塾は「楽しい」をとても大切にしています。自分たちが楽しんでいる姿を見た人が一緒に楽しい気分になったり、笑ったりしてくれたらいいなと思っています。私もこの本を作っているときとても楽しかったです。この本でみなさんも楽しい時間を過ごせたなら本望です。この本が完成したら、ぼる塾4人でそれぞれ自分の理想のベーグルサンドを作って食べようという計画を立てています。田辺さんが「私はね、パストラミを入れるわよ」と早速けん制をしてきました。怖いですね。私はクリームチーズを上手に使って3人から「さすが酒寄さん！」をもらおうと思っています。

　この本に関わってくださったみなさん、本当にありがとうございます。最後までこの本を読んでくださったみなさん、本当にありがとうございます。これからもぼる塾をよろしくお願い致します。

　あんりちゃん、はるちゃん、田辺さん、いつもありがとう。これからも仲良くしてね。

酒寄希望

ぼる塾（ぼるじゅく）

女性お笑いカルテット。猫塾（田辺智加、酒寄希望）としんぼる（きりやはるか、あんり）という別々のコンビだったが、2019年12月7日に2組が合流し、それぞれのコンビ名を合せた「ぼる塾」を結成。結成の理由は4人のほうが楽しいから。現在育休中の酒寄をきっかけに誰でもいつでも育休OKというルールを設けている。また、笑いをとれないからという理由で大食い・水着・体を張った出演はNGとしている。ネタは漫才で、空気を読まない言動のきりやはるかに、えびす顔で鋭いツッコミを入れるあんり、あんりに褒められると酒寄が考案したギャグ「まぁねー」で受け流す田辺の流れが定番。結成わずか2年で、今やテレビ、CMで引っぱりだこの人気グループに。食への情熱がすごい田辺は、芸能界スイーツ女王の座を獲得しコラボスイーツなどのオファーも殺到中。酒寄はメディアの露出はあまりないが、YouTubeぼる塾チャンネルや劇場でのライブ出演をしている。

ぼる塾チャンネル
YouTube

酒寄希望（さかよりのぞみ）

お笑い芸人。1988年4月16日生まれ、東京都出身。B型。相方の田辺智加と漫才コンビ「猫塾」として活動後、後輩コンビ「しんぼる」のきりやはるか、あんりとともにお笑いカルテット・ぼる塾を結成。結成当初から育休に入り、現在も育休中のメンバーとして陰ながらサポートしている。テレビであんりが「リーダーは酒寄さんです」と言うのを見て、自分がぼる塾のリーダーだと知った。「自分たちの面白さに気づいていない3人を知ってもらいたくて」2020年11月からnoteでエッセイを書き始める。歳もライフステージも様々な女同士が、ぼる塾というひとつ屋根の下で愉快に助け合うエッセイは「ゲラゲラ笑えて癒される！」と、多くのファンを惹きつけている。

twitter　　　note

noteにて「酒寄さん」エッセイ絶賛連載中！
https://note.com/anhatasa

きりやはるか

twitter　　Instagram

あんり

twitter　　Instagram

田辺智加

twitter　　Instagram

デザイン　眞柄花穂、石井志歩（Yoshi-des.）

カバー・本文イラスト　つづ井

漫画　菜々子

撮影　河村正和、大露円（昭和基地￥50）

取材・文（田辺クイズ）　若山あや

校閲　聚珍社

編集　馬場麻子（吉本興業）

営業　島津智彦（ワニブックス）

マネジメント　峰山大樹、桑子萌花（吉本興業）

酒寄さんのぼる塾日記

2021年12月31日　初版発行

発行人　藤原寛
編集人　新井治

発行　ヨシモトブックス
〒160-0022
東京都新宿区新宿5-18-21
TEL　03-3209-8291

発売　株式会社ワニブックス
〒150-8482
東京都渋谷区恵比寿4-4-9　えびす大黒ビル
TEL 03-5449-2711

印刷・製本　凸版印刷株式会社